”覚醒“

コンサルタントのための「一瞬戦略」

加納聖士
KANOU SEIJI

はじめに ● 世に生を得るは事を成すにあり

「コンサルタント」という職種にどんなイメージをお持ちでしょうか。

私には「口先ばかりの人」、理論はあっても行動をしない人というイメージがあります。私は店舗経営に22年のキャリアがあり、常に実践により〝実学〟を学んできましたから、実践が伴わない机上の理論ばかりのコンサルタントにはあまりよいイメージがありません。でも、人はビジネスや人生に課題や不安を覚えたとき、専門家に助言や支援を求めたくなるものです。また、会社経営にチャレンジしている人が助けを求めているとき、ただ傍観しているだけでなく、手を差し伸べられるものならどうにか差し伸べて、少しでも力になりたいと思うのも人間です。そう考えると、**理論と同時に、実践的な知識やノウハウを活かしたコンサルティング**は実践する意義が高く、社会にとって必要なものだと思います。

私自身には、経験してきた実務知識と、見聞してきた業界知識、さらに私なりの人生哲学、ビジネス哲学があります。これらを駆使すれば、口先ばかりのコンサルタントとは確実に一線を画したコンサルティングができるのではないか、あくまで〝実学〟に軸足を置きつつ、実践可能な知識やデータを世に広めることができるのではないか。そう考えて、かつては嫌いだったコンサルティングを職業にすることに決めたのです。

とは言っても、コンサルタントに悪いイメージを持っている人ばかりではありません。特定領域に対して詳しい専門知識を持ち、その領域で助言や指導を行う立場の人がいるのは当たり前です。大きなコンサルティングファームではコンサルティングメニューが細分化されており、特定領域のコンサルタントはその領域のスペシャルな知見を活用して有用な助言をくれるでしょう。しかし、私はそれだけでは、特に中堅・中小企業の経営者の悩みに答えることは難しいと思っています。

もちろん業務や経営の専門的なテクニックも大事です。でもそれ以前に、コンサルタントという職業を選ぶなら、その職業を通して何を成し遂げたいのか、どうなりたいのか、そして自分に関わる人や会社をどうしたいのか、そうした想い、マインドを育むことが決定的に重要です。自分の内側から湧き上がる情熱、純粋な志を磨き上げ、従業員を含め周囲の人を巻き込んで、1つの目標に向けて全体で突き進むことができるマインド、そしてリーダーシップ、さらにリーダーとして成し遂げるべきことは何かを見据え、自分自身を研ぎ澄ましていくことこそ、専門分化した各種課題解決を図るよりも前にクリアすべき大課題だと考えています。

私は2017年9月26日にコンサルタント会社「レクシスノア株式会社」を設立し、飲食店や美容室、学習塾、治療院など店舗経営者のための「多店舗展開」を支援するコンサルティング事業を展開してきました。各種の連続講座やワンDAYセミナーを開催しているほか、クライアント企業の個別コンサルティングも行っており、総称して「加納塾」と呼び、10店舗未満の箱モノビジネスの多店舗展開、多角化経営、フランチャイズ展開を支援しています。

加納塾の参加企業は、創業からわずか4年あまりで562社、店舗数で数えると累計で2021店舗にのぼります。この急速な事業拡大ができたのは、何よりも「先義後利」という考え方を貫いていることにあると思っています。先義後利とは、中国の古典四書の1つ「孟子」に出てくる言葉で、お客さまや社会にまず価値を提供し、その結果が自分の利益につながるという思想です。これを大事にして、私は「**まずコンサルティング費用の3倍以上の利益をクライアントにもたらす**」とコミットメントして、手前味噌ですが、そのとおりに圧倒的な価値提供をしてきました。短期間でのコンサルタント事業成長の秘訣は、ただこのことに尽きると思っています。

このように言うと、「多額の投資や人員を費やしたのだろう」と思われるかもしれませんが、そうではありません。会社組織をとっているとはいえ、実際は私と在宅秘書、在宅メンバーの数名だけで、そのほかは外注で賄ってきました。この体制でも、創業から2年3ヵ月で年商は1億円、3年めの2019年には年商2億円を達成してきました。

コンサルタント業界では1人で年商1000万円を稼ぎ出す人は3～4パーセント程度にすぎないと言われています。ほとんどのコンサルタントの収入は1000万円を超えていないなかで、私は約1年でそれを超えることができました。1000万円以上の収入を得ているコンサルタントでも、その年商に行き着くまでにおよそ5年はかかると言われます。私は彼らを、いわば一瞬で追い抜いたことになります。

もちろん私の前職での経験や知識・ノウハウを駆使してきましたが、コンサルタントとしての知名度はほぼゼロ、お客さまもゼロという状態から、コンサルティング業界に徒手空拳で挑んできました。ただ自信があったのも事実です。会社創業当初から2年で年商1億円を目標にしていました。なぜなら、私が愛し、親しんできた店舗経営の世界から、成功するための法則と、失敗に至る法則とを実体験と豊富な事例から学び取り、私なりに確信した「仕組みづくり」の戦略がわかっていたからです。自分自身では前職の会社でナンバー2の立場で3店舗から80店舗までの多店舗展開を実践してきていますし、200社以上のフランチャイズ本部のビジネスをこの目や耳で詳しく知ることができました。その体験や見聞から私が導きだした最も大きな成功のための条件は、「**目的を達成するための仕組みづくりをすること**」と「**自分の周りの従業員やパートナーとの間に『同志的結合』をつくり出すこと**」だったのです。これら2つが達成できさえすれば、多店舗経営ばかりでなく、製造業や小売業などすべての業種で事業がうまくいきます。これは全産業に共通する普遍的なノウハウなのです。

その証拠に、加納塾には多店舗展開を図る経営者ばかりでなく、士業の方やコンサルタントの方など、業種業態や企業規模を問わず、いろいろな方が参加しています。また参加された方の多くがビジネスを成長させ、短期間に圧倒的な利益拡大を実現しています。

このような普遍的なノウハウと、その基盤となる考え方、それに加えて技術的な領域でのノウハウがしっかりと体に刻み込まれていれば、それを他人に伝えることができます。

私がこの本を読んでいただきたいと願うのは、多店舗展開に成功され、その成功体験をベースにコンサルタント業に挑戦したいと思う経営者の方、そして多店舗展開には無縁でも、何らかの業界で経験を積み、コンサルタントとして自分自身のノウハウを同業他社に伝えたいと考える方、また大手コンサルティングファームでコンサルタント経験のある方、そしてこれからコンサルタントとして一歩を踏み出したいと考えるアントレプレナーなどの方々です。そのすべての方に、**圧倒的な成果を生み出す普遍的なノウハウ**をお伝えしたい。その想いで本書を書きました。

私は、誰でも真理を求め、真理に気づいたとき、人は「一瞬で変われる」と信じています。自分がこの世に生まれた意味を考え、何を成すべきかを真剣に考えていただきたい。何のために自分の命を使うのか。それを考えることを、私が尊敬してやまない吉田松陰先生は「本学」

と呼びました。私は本学を学ぶことは、ビジネスのテクニックの習得（これを松蔭先生は「末学」と呼びます）よりも前に行うべき最重要で不可欠な要素だと確信しています。本学を追求し、自分の生まれた意味を真剣に考えた末に、人は一瞬で「覚醒」します。覚醒した人間は生まれ変わります。私は加納塾や本書を通して、そのお手伝いをしていきたいと思っています。

大きなことを言うようですが、私の使命は「**10億人の人々の無限の可能性を引き出すこと**」です。それが私が生まれた意味であり、この世で生を得て成すべき究極のことだと思い至ったのです。それには私1人の力だけでは無理です。幸いなことに、今では私と志をともにする同志が、加納塾を通して大勢集まってきています。覚醒した人々が増え、真の経営者として、またコンサルタントとしてさらに多くの人々を成功へと、つまりそれぞれの人が望む、豊かで希望と幸せに満ちた境地に導くことができれば、私の人生は成功だったと言えるようになるのではないかと思っています。

松陰先生はこう言います。「志定まれば、気盛《さか》んなり」。つまり志を立てないことには、ビジネス成功はありえません。何かの成功体験をしてみなければ、自分に自信や誇りが持てず、他人を幸せにすることはおろか、自分を好きになることさえできません。私が好きな立志伝中の人物の1人、坂本龍馬は「**世に生を得るは事を成すにあり**」と言っています。まさにそのとおりだと思います。どんな「事」を成すのか、一所懸命に考え、考えた末に「一瞬にして」

生まれ変わり、成すべき「事」に向かって一心に、しかも最短コースを見極めて走り抜けること。それこそが自分らしい人生をまっとうするための王道なのではないかと思います。

もし目標とするものが大きければ、1人だけの力では実現できないかもしれません。1人でできないことを周りを巻き込んで実現できる、最も効果的で合理的な道がコンサルタントという職業です。少なくとも私はそう思って現在の仕事をしています。私の同志を100人、1000人、1万人と増やしていけば、やがて世界を変えられると私は真剣に考えています。

本書を手にとる方は、おそらく何か得意分野でのビジネスや研究に邁進してこられ、その知識や経験を活かして後進に伝えたいとお考えの方が多いのではないかと思います。それはたいへん素晴らしいことだと思います。ただその一方で、自分自身が人間として何を成すべきかについて真剣に考え尽くしていなければ、なかなか他の人に理解されないのではないかとも思います。技術論や経営方法論は後から必要に応じて学ぶこともできますが、自分自身が何を成すべきかという究極の問いへの答えが明確になっていないと、技術論や方法論の学び方を誤る可能性が高いのです。

先ほども触れた吉田松陰先生の説く「本学」は人間力を身につけ、利他の精神を身につけること、「末学」は仕事を実行するために必要な知識・技能を習得することを指しています。本学を伝えず、末学ばかりを伝えても、結果「コンサルタントに頼んで特定課題をクリアしても全体効率に何ら寄与しなかった」という、ありがちなマイナス評価に終わってしまいます。これでは「本末転倒」です。

特に経営層に本学を伝えて実践してもらえれば、持続可能な「同志的結合」が自然に社内に形成されるようになります。これについて本文で多くのページを割いていますので、ぜひ気をつけて読んでください。

同志的結合がうまく実現すれば、その後の末学的な領域での特定課題クリアが次の課題のクリアにスムーズにつながり、やがて全体のビジネス最適化につながります。それこそ、私が望む究極のコンサルタント像です。

コンサルタントとしての想い＝**マインドは手法の上流**にあります。しかし**手法なき想いは無力**です。本書では種々の手法やテクニックもしっかりとお伝えしますが、あなたが一瞬で変わり、得意分野でトップコンサルタントになるためには、どの業種・業態にも共通して適用できる「本学」の習得こそ重要です。ぜひ本書を繰り返し読んでいただき、あなた独自の「コンサルタント道」を確立して、コンサルタント人生に磨きをかけていただきたいと思います。

本書では、そんなコンサルタント道を切り拓きたいと思われる皆さんに、次のような事柄をお伝えしていきます。

第1章では、コンサルタントとして名乗りを上げるにあたり、スピード感を持って圧倒的な成果を出す「一瞬戦略」の大切さと効果を説明します。

第2章では、事業家として新たな一歩を踏み出すにあたり、基本的に備えるべき「志・ビジョン・戦略」、そして理念や心構え、覚悟について記します。

第3章では、経営の偉大な先人の言葉を引きながら、経営者が堅持すべき原理原則と、時流適合について説明します。

第4章では、事業拡大に不可欠な「戦略・戦術・作戦」の考え方をお伝えします。

第5章では、コンサルティングに重要な心理学の応用について記します。

第6章では、成功するために何より重要な、ポジティブなセルフイメージをつくる方法について説明します。


こうした内容を通して、コンサルタントとして理想の未来を切り拓くためのガイドになれば幸いです。限りある人生の1分1秒を大切に、成すべきことを成すために、どうぞ本書の内容をご活用ください。

２０２１年10月　加納　聖士

もくじ

第1章

「一瞬」にこだわれ！　スピードがもたらすメリット

「一瞬で事を成す」ことへのこだわり

「一瞬で〇〇する方法」「秒速で△△する男」などという書籍タイトルを目にすることがよくあります。「一瞬」というのはまぶたのひとまたきのことですから、1秒以下の時間のことです。「秒速」というのはおそらく1分に満たない時間で何かの目標に達するという意味なのでしょう。実際にそんな速さで何か意味のあることができるわけではないので（投資のための注文ボタンを押すくらいならできるでしょうが）比喩的な意味で「一瞬」や「秒速」が使われているのだと思います。私も実は、加納塾で「一瞬で事を成す」というフレーズを多用しています。それがスピードを強調し、印象づけるのにもってこいの言葉だからです。

こうしたタイトルが多いのは、世の中の変化がどんどんスピードアップしていることにリンクしています。何かよいビジネスを考えついても、それを完璧に実現する準備に何年もかかっていたのでは成功がおぼつきません。それなら少々冒険ではあっても、同じ目標をはるかに短時間で達成するにはどうしたらよいかを考えたほうがメリットがあります。だからといって、目標を低くするのでは当たり前すぎて、自己満足できたとしても他人は評価してくれません。私は**「高い目標を、他人が絶対無理と思うほどの短時間で成し遂げる」**ことをあえてお勧めしています。

スピードを意識したからこそできた年商目標達成

「はじめに」に書いたように、私は2年で年商1億円を達成するという目標を掲げました。これは起業当初に自分自身に課した目標です。これを周りの人に言うと「絶対無理だろう」と言われましたが、それを宣言どおりに成し遂げたとき、私の人生は大きく変わり始めました。自分自身の中もその成功によって変化したかもしれませんが、それよりも、周りの人の目が違ってきました。私の周りには巨額の売上を上げている店舗経営者などが大勢おられますから、1億や2億という金額そのものにそれほど驚きはなかったかもしれませんが、コンサルタントとしてデビューして、ゼロから2年で1億、3年で2億という売上拡大スピードは、そんな方々にとっても驚きだったに違いないと思います。しかも小売などではなく商品仕入れの必要がないコンサルタント業ですから、売上拡大はすなわち利益拡大です。そこに凄さを感じられたのかもしれません。

同じようなことを最近も経験しました。卑近な例ですが、体重を2ヵ月で10キロ落としたのです。もともと肥満体ではないのでかなり体を絞ることになってきつかったのですが、世間一般で「体重を10キロ減らした」といってもそれほどの反響はないでしょう。でも「2ヵ月で」と付け加えたとたん、やはり人の目が違ってくるのです。「そんなに短期間で！」と驚いてもらえます。別に褒めてもらいたくて減量したわけではないですが、何かの「結果」と、結果を出すために要した「時間」のギャップが常識はずれであればあるほど、人に驚かれ、称賛してもらいやすいのです。人に驚かれるということは、私自身をその人に強く印象づけることにつながります。あまり親しくない人でも、こんな話をするだけでその後のコミュニケーションのハードルが下がります。

それはともあれ、ビジネス上の成功に至るまでの期間が短ければ短いほど、他人に驚いてもらえます。私は2年で1億円の年商を実現したことで、ニッチな領域ではありますが、周囲から「突き抜けた存在」であると認知され始めました。一度でも突き抜けた存在であることを周りに認めてもらうとその後の行動が多くの人にウォッチされることになります。それはある意味、自分にプレッシャーをかけることでもあります。そのプレッシャーの中で、次の目標、その次の目標を、驚くほどの短期間で達成していくことができれば、より多くの人が注目してくれます。なかには協力したいという人も出てくるでしょう。やがてはただ「突き抜けた存在」ではなく、業界トップの存在になることもできるはずです。

ありえない速度で事を成す「一瞬戦略」

10年かければやり遂げることができそうなことをたった1年でやり遂げる、あるいは1年かかると思われていることを1ヵ月でやり遂げる。そんなありえない速度で事を成すためのやり方を、私は「一瞬戦略」と呼んでいます。私がコンサルタント業を始めたときに、現在のような年商が実現するという確信はありませんでした。しかし、思い切って「2年で年商1億」という目標を掲げて、そのためにやるべきことを整理し、実行していくと、売上拡大のスピードがはっきりと上がっていきました。コンサルタント業は、会社設立前から行っていました。といっても、２０１５年時点のコンサル報酬は年間73万円に過ぎませんでした。その私が２０１６年5月22日に「実践！　多店舗化養成塾」をスタートさせたとたん、コンサル報酬は１１４１万円（２０１６年実績）と15・6倍に増加したのです。２０１６年の1月には月間47万円だったコンサル報酬は、同年11月には月間２５６万円（同年の月間最高売上げ）に到達することができました。その翌年、独立して会社を設立して活動を本格化しました。すると狙いどおり、２０１７年のコンサル報酬は６５００万円に跳ね上がり、２０１８年8月時点には1億２５００万円、そして２０１９年11月、ついに2億円にまで達しました。このような経過を経るうち、何を達成するかも大事ですが、達成に至るまでのスピードが速ければ速いほど、段違いに加速度がついていくことを体験しました。

これはコンサルだけではなく、実店舗の経営にも当てはまります。成功した経営者、成功したフランチャイズ本部を数多く見てきてわかった共通の特徴は「スピード感」でした。そして、加納塾の塾生でうまくいっている方には、やはりスピード感があります。

では、なぜ「一瞬」にこだわり、スピードを重視した行動が、目標達成に邁進するスピードを加速するのでしょうか。それは、スピードがさまざまなメリットを呼び寄せるからです。私はスピードが速ければ速いほど、次のようなメリットが享受できると考えています。

① 周囲から一目置かれるようになる

一目置かれるとはどういうことでしょうか。囲碁では最初に碁石を1つ碁盤に置いてから対戦を始めます。力量差があるときは、必ず下級の実力の人が先に碁石を置きます。これは上級の人に対する敬意の表現でもあります。つまり下級の人が一歩下がって、上級の人の実力を認めて敬意を払うことが「一目置く」ことの意味です。相手とそのような関係になると、自分の話を丁寧に聞いてもらうことができます。これはビジネス全般において通用する、自分にとって有利な状況をつくり出す1つのスキルです。

他人と明らかに違う優れた結果を自分が実現できれば、必ず周囲の人は一目置いてくれます。少なくとも結果を出す前のあなたが言うことよりも、結果を出したあなたが言うことのほうが、断然重く受け止めてくれます。説得力があるのです。しかし、他人よりも明らかに優れた結果として認められる仕事はそうたくさんあるわけではありません。他人がやるのと同じくらいの結果にしかならない仕事でも、周囲の人に敬意を抱かせるには、何よりもスピード感です。10日かかってやる仕事を1日で終えた人は、必ず称賛されます。1年かかってやっと実現できる仕事を1ヵ月で成し遂げたら、やはり注目の的になり、驚嘆とともに尊敬されるでしょう。もちろん仕事の質がよくなければ失望されますが、質を落とさず、他人の数倍のスピードで物事を進めていけば、他人と同レベルの仕事であってもスピードがありえないほど速ければ、周囲から敬意を持って接してもらえるようになります。

スピード感というのは、物事の処理能力が高くて仕事が速いということよりも、むしろ仕事に対する意識の違いがもたらすものです。例えば上司から月曜日に、1時間で作成できるような会議資料を「今週中に作成して提出してください」と指示されたとき、いつ作成作業をするでしょうか。たいていは木曜日か金曜日の朝に作成して提出するのではないでしょうか。でも、指示があったその日のうちに1時間の作業時間を工面して、月曜日中に作成・提出したら、上司は驚くでしょう。作業時間は、月曜日でも金曜日でも同じ1時間ですし、早く提出したからといって会議の開催に影響はないかもしれませんが、指示した上司にはあなたの行動に強い印象を抱くでしょう。早く仕事が片付いて困ることはあまりありません。おそらくはお褒めの言葉をもらえるでしょう。それを見ていた周囲の同僚なども、あなたの行動にインパクトを受けます。そんな小さなことでもスピード感があれば「一目置かれる」存在になれるのです。

② ワクワク感が高まる

このようにスピード感ある仕事ができたとき、自分自身でも「他人よりも短期間でコトを成し遂げた」ことでカタルシスを覚えるでしょう。周囲の人があなたに敬意を抱き、褒めてくれるようになると快感はさらに高まります。その高まりが実は何より大事です。

その快感はワクワク感です。おそらく脳内にドーパミンのような快感物質が出てくるのでしょう。成功者と呼ばれる皆さんと話をしていると、皆さん自分の事業の将来を嬉しそうに語ってくれます。その人自身が自分の仕事にワクワクしているからです。これまでもワクワクしてきたし、これからも成功を繰り返してワクワクできるはず。その予感に気分が上向いているのです。仕事がうまくいっている人ほど、快活で、会って楽しく、相手もハッピーにしてくれます。これはその人が「ワクワク脳」を手に入れているからだと思います。そのワクワク脳こそ、成功の秘訣だと私は考えています。

ワクワクできるのは、楽しい未来を想像できるからですね。その想像力が脳を刺激します。

脳は、過去を記憶し、現在に対応し、未来をイメージします。もしも明るい未来をイメージできなければ、人は何も成し遂げることはできません。イメージが明確であればあるほど、イメージどおりの未来をつくり出すことができます。ネガティブなイメージを強く脳内に描けば、きっとそのとおりになるでしょう。明るい未来、希望に満ちた未来をイメージしなければ、決して成功にはたどり着けません。

　私の盟友であり尊敬する講演家であり、組織のメンタル研修の指導者でもある大嶋啓介さんという男がいます。ご存知の方は多いと思いますが、啓ちゃんはそんなワクワク脳をつくり出す達人です。もちろん彼の脳は常にワクワクしています。啓ちゃんが経営する株式会社てっぺんの居酒屋「てっぺん」の超ハイテンションな朝礼は数々のメディアに取り上げられ、中学・高校の部活、オリンピック代表のソフトボールチーム、高校野球の約50チームなどに啓ちゃんのメンタル研修が取り入れられました。その結果、居酒屋事業は好調ですし、ソフトボールチームは北京オリンピックで金メダルをとり、研修した高校中の14校が甲子園出場を果たしてきました。さらに人間力大學や一般社団法人日本朝礼協会も設立して、全国の企業や学校での講演活動を精力的に続けています。

　居酒屋てっぺんの営業前のミーティング（朝礼）では従業員1人ひとりができる限りの声量で自分の希望や目標、具体的行動を宣言します。それに対して店長や他の従業員がやはり大きな声で激励し、想いや行動を賞賛します。全員が場を盛り上げ、熱狂的な雰囲気をつくり上げた後、「いらっしゃいませ」「ありがとうございます」とお客さまへの感謝をこめた挨拶を斉唱し、最後は1本締めで終わります。営業前のこの朝礼で従業員のモチベーションがいやがうえにも高まり、その日の仕事のエンジンが絶好調にチューニングされるのです。

この朝礼を仕組みとしてつくり上げたのが啓ちゃんです。一見すると軍隊式の強制的な統制のように見えるかもしれませんが、店長も従業員も自発的に朝礼に取り組み、それを楽しんでいるところが全然違います。また目標は会社や店長が与えるものとは限りません。会社に尽くすことを誓うのではなく、自分が目指す未来を自由な言葉で発するのです。こうした仕組みづくりの根底には、啓ちゃんが実践的に学んできた脳科学や心理学の知識の上に立った透徹した洞察があります。

オリンピックで金メダルをとる、甲子園に出場する、というような高い目標を掲げ、それを現実のものにしてきたのは、この朝礼の仕組みを応用したメンタル研修でした。高い目標を堂々と公言し、実際に具現化した啓ちゃんの熱量の高さと的確にメンタルを刺激する方法論に、私はいつも感服しています。同時に、啓ちゃんご自身の限りなくポジティブな生き方に共感しています。幸いなことに、啓ちゃんも私の生き方に何か感じるところがあったのか、2019年5月には2人で協力して「圧倒的な結果を出す〝究極のリーダー塾〟」を開講することができました。この塾では、ワクワク脳をどうやってつくるのか、マネジメント層が従業員と一緒にワクワク脳をつくるやり方を学ぶことができます。啓ちゃんは「ワクワク脳は成功脳」「脳が喜ぶことをやっていれば成功」すると言っています。私はそれに１００パーセント共感しています。人のメンタルをどうすれば上向かせることができるのかは本書で後述しますので、ここでは他人が自分に対して一目置き、賞賛してくれることで脳が喜び、成功への歩みを後押ししてくれるということを覚えておいてください。

③ 高高度の上空まで突き抜けるような突破力

スピードは、事業を離陸させ、安定させるのにどうしても必要です。これは飛行機が離陸して安定高度までに達する過程に似ています。

飛行機は滑走路を加速度をつけて助走し、離陸可能な速度に達したとき、地面を離れて空へと向かいます。そして巡航高度にまで上昇していきます。1分あたりの燃料消費量は、離陸時には巡航時の2・5倍ほどになります。そのようにリソース（燃料）を使わなければ十分に加速できず、離陸することができません。しかしいったん巡航高度に達すると水平飛行に移り、空気抵抗も少なくなって、あまり燃料を使わずに遠くまで飛ぶことができるのです。

これと同様に、事業を立ち上げるときには大きなリソース（ヒト・モノ・カネ・情報）をつぎ込んで、どんどん加速していく必要があります。もしもエネルギーが足りなくなれば離陸できないこともありますし、途中で失速すると大きなリスクを生むかもしれません。リスクがある代わりに、十分なスピードで離陸して上昇できたときには、事業は安定した成長局面に入り、その後は離陸時ほどのエネルギーやリソースを使わずに事業運営することが可能になります。初動時には特にこのことを肝に銘じ、十分なスピードを実現することを考えなければなりません。

④「孫子の兵法」にも説かれる〝勢い〟と〝瞬発力〟が得られる

二千数百年前の中国の兵法書「孫子の兵法」には、「激水の疾《と》くして石を漂《ただよ》わすに至るは勢いなり」という名言があります。激しく押し寄せる水が石をも押し流すのは勢いがあるからだという意味です。さらに同書は続けて、鷙や鷹が獲物をとらえるのはタイミングよく急降下して攻撃するからである、戦に巧みな者は、矢に勢いをつけるためにぐっと弓を引き絞り、短い最善のタイミングを見計らって一気に矢を放つものだというような内容を連ねます。

この言葉が平和が続く日本で現在でも名言とされているのは、ビジネスの心得として読み替えることができるからです。時機を逸さず、最大の勢いで行動すれば、目的達成可能性が高まります。物理でも運動量保存の法則というのがありました。運動量=仕事をする力は、質量と速度の乗算で決まります。1キロのボールを石にそっと当てても何も起きないでしょうが、100グラムのボールであっても猛スピードで石にぶつければ、石を動かすことが可能でしょう。そのようにスピード、勢いがあれば、たとえリソースが限られていても大きな仕事ができるのです。

⑤評価が高まり、人が集まってくる

こうして一度でも突き抜けた存在になったあとには、以前とはまったく違う世界が開けてきます。成功した人、しかも圧倒的なスピードで成功した人のもとには、直接の仕事関連以外の人も集まってきます。各種イベントやミーティングへの招待、社内研修やセミナー講師の依頼など、外部に考え方や仕事のノウハウを伝える機会が一気に増えていきます。すると、人とのネットワークが雪だるま式に増えていきます。

SNSでの人のネットワークとは違い、実際に多くの人と対面し、話をすることで、あなたの魅力＝人間力ははるかに強く、正しく伝わります。あなたの人間力を理解し、好意や敬意を持った人は、何かの機会に自分の友人や関係者にあなたを紹介したくなるものです。一度つながった人が新しい人とのつながりをつくってくれて、さらにその人がまた別の人とのつながりをつくってくれて、どんどん人のネットワークの広がりが加速していきます。多く

の人のネットワークができると、そのネットワーク内のコミュニティだけでなく、外部のコミュニティにも名前が知られるようになります。するとますます引っ張りだこになって活躍の場が広がり、さらに周りに人が集まるようになります。店舗ビジネスでも、経営者が突き抜けた存在として認められるとすぐに、優秀な社員が集まってくる実例が多いのです。

⑥メディアに取り上げられ、どんどん有名になっていく

さらにテレビ、ラジオ、雑誌、ウェブメディア、ときにはミニコミ誌などの取材が増え、出演依頼や記事執筆依頼なども多くなります。そうした依頼に丁寧に応えていくことで、直接はお目にかかれない人たちにも存在を知ってもらうことができます。一般向けの無料セミナーなどで集客しても数千人までがマックスですが、メディアは、紙媒体でもミニコミ誌で最低数千人、マス向けの紙メディアなら数万人以上、テレビの場合は数百万人に、一瞬で名前と顔が伝わります。ウェブメディアは一瞬という時間間隔ではなく、動画やブログなどのストックメディアが長い期間公開できます。1カ月、半年といったスパンで見れば、テレビと同等以上の閲覧者を得ることも可能です。メディアを通してあなたを知った人が、すぐにコンタクトしてくれるとは限りません。むしろ、その人が知人との会話や何かのイベント、広告などであなたの名前が出たときに、ピンときてもらえることが重要です。「ああ、○○

に詳しいあの人か」と思ってもらえたら、「会ってみたい」「話を聞いてみたい」と、より興味・関心を寄せてくれます。それが直接のつながりができるきっかけになります。

⑦付き合う人の層が変わり、どんどん実力者たちとのつながりが増える

人とのネットワークが拡大していき、メディアを通じてあなたの情報が拡散していく一方で、ネットワークの中心層がだんだんビジネス界のリーダー層のほうにシフトしていきます。全体として会社の社長や会長、部長クラスの方々とのつながりが増えていきます。ときには本当に一瞬にして業界のトップリーダーとつながりができることもあります。

無名だった時代には会いたくても面会アポさえとれなかったような上級管理職の方や業界の実力者の方々が、続々とあなたの周りに集まってきます。これは私の実感でもありますが、周りに社会的地位が高い人々が集まるようになると「人生のステージが上がった」と感じます。感じるだけでなく、本当にステージは上がっています。それも階段の1段1段を登っていくのでなく、長い階段の踊り場から踊り場へ一気にジャンプするような感覚です。

⑧良質な情報が自然と集まってくる

そうした実力者は会社などの組織の中枢にいて、下位組織の情報を集約して意思決定をす

る立場の人ばかりです。また特に経営者の方の人的ネットワークは、その人の会社の属する業界内はもちろん、関連する業界にまで広がっていることがほとんどです。そのネットワークを通じて、さまざまな情報源から貴重な情報を得ている人が多いのです。

ただ情報量が多いだけではありません。大量の情報をその人自身や秘書的立場の人がフィルタリングして、有用な情報が精選して記憶されています。ですから、そうした人々との会話で出てくる情報の質は非常に高いのです。雑談レベルの会話の中でも、良質な情報がたくさん出てくるので、その情報をたどればさらに有用な情報が得られる確率が高くなります。

あなたが欲しくてしかたがなかった情報が、何気ない会話の中から得られることもあるでしょう。また考えてもみなかった事柄についての情報が、あなたの仕事や生き方に新しい視座を与えてくれることもあるはずです。ハイレベルな人々との交際では、そのように良質な情報が、特別な苦労をしなくても自然に入ってくるのが特徴です。

⑨いろいろなところから有利な条件で声をかけられる

また単に良質な情報が得られるばかりでなく、仕事上の相談、打診をいただく機会が多くなります。その相手は多くの場合、会社の予算の多くをかなり自由に使える立場の人や、大きなプロジェクトを立ち上げる権限や実力を持った人ですから、仕事の条件はあなたにとって有利なものになる可能性が高くなります。またその後の仕事の発展、継続の可能性も高くなります。ただ仕事を依頼されるだけでなく、共同して何かの事業をしようという提案をいただくこともあります。

例えば店舗ビジネス系であれば、大きなショッピングモールなどからテナントとして入らないかと誘われるケースがあります。また事業のコラボレーションの提案を他業種の会社から持ちかけられることもあります。フランチャイズ展開の可能性を打診してくる人や会社も出てきます。コンサルティングの依頼をされることも多くなってきます。

いずれにせよ、有名になって自分のブランディングができてくれば、それ以前の仕事よりも幅が広がり、個々の仕事でもかつてよりも有利な条件が提示されることは間違いありません。

⑩それまでとは違ったステージまで行くことができる

社会的に重要な人々とのネットワークができることでステージが上がると言いましたが、それに加えて良質な情報を獲得できること、さらに有利な条件で声がかけられることを通じて、さらに高みにあるステージまで到達することができます。具体的には年収が上がり、さらに高名になり、仕事が増え、社会貢献できる度合いも大きくなっていきます。そこまで来ると、踊り場から踊り場へとジャンプするような感覚とは違い、陸を離れて空に羽ばたくようなイメージになります。

⑪ その後の人生が驚くほど楽になる

一度でも突き抜けた存在になると、上述のことが次々と、本当に短時間のうちに現実のものになっていきます。あなたが「水平飛行」に移る前までは相当の努力と集中が必要ですが、ある高みまで上昇したときには、それまで人生の行く手を邪魔していた不安や課題が解消され、驚くほど楽に人生を歩むことができるようになります。

細かく挙げればさらに多くのメリットがあります。そんなメリットが享受できるのは「一瞬で事を成した」からこそです。私は、**一瞬で事を成せないと大きなことを成し遂げることはできない**と考えています。少なくとも私の場合はそうでした。ゆっくりとコンサルタント業を広げていたら、2年で年商1億円達成というような実績は上がらなかったということは確実に言えます。これは人のタイプにもよるのかもしれませんが、私の経験ではそのことにより、今の自分がかつてよりも負担は少なく成果は大きい仕事ができていると感じています。

コツコツと徐々に徐々に何かをつくり上げていくことは、それはそれでよい人生なのかもしれませんが、人生には限りがあります。今を精一杯生き、一瞬に命がけで挑んだ人ほど、大きな何かが成し遂げられる確率が上がると思います。「一瞬」を意識することは、ある意味自分への挑戦です。

自分にどれだけのポテンシャルがあるのか、正しく知っている人はどこにもいません。可能性を信じて、目標を立てたら一瞬で実現できる、実現してみせると強く心に刻むことが、成功への1歩につながります。この本の内容のすべての根底にあるのは「一瞬戦略」です。ここにあるすべての内容について、どうしたら短期間に実現できるのかを考えながら、読み進めていただきたいと思います。

一瞬で突き抜けた人には天が味方する

一瞬で突き抜けた存在になると上述のように多くのメリットが次から次へともたらされるようになります。私の場合は、一度突き抜けた後はビジネスに羽が生えたように成長していくことに驚き、さまざまな人との出会いや交際のネットワークがどんどん広がっていくことに感嘆しました。それまで近づくこともできなかったような人に、次々と会うことができたのです。それはまるで「天が私に味方してくれている」と思うほどでした。

そのような人に会うことがなぜメリットになるのでしょうか。ただよいお客さまに出会えるというだけのことではありません。業界で高い地位があり、人望があり、見聞が広く、さまざまなキーパーソンと親交を得ている人と知り合えることが重要なのです。直接のお客さまになっていただかなくてもいいのです。その人と親しくなればなるほど、その人の周りの人々と知己を得ることができます。それは、その人が所属しているハイレベルのコミュニティに参加するということです。ハイレベルな人たちのコミュニティからは、多くのことが学べます。ビジネスにおいても、人生においてもです。

学ぶことは、どんな場合でも重要です。究極のコンサルタントを目指すなら、何を置いても、尊敬できる人、成功した人、みんなに愛されている人、そんな何か抜きん出たものを持つ人から、その優れた知識やノウハウ、哲学、思想、人間力を吸収することを心がける必要があります。優れた人との交流は、非常に効率的で生産性の高いコミュニケーションをつくり、多くの重要で貴重な知恵をもたらしてくれます。そのような人たちのコミュニティは、一般の人たちのコミュニティとは隔絶したところに存在していると思わなくてはなりません。誰でもそのコミュニティに参加できるわけではありません。功成り名遂げた年配の経営者ならともかく、まだ人に誇れる実績のない若い者が、コミュニティに接触しようとしても、門前払いになることが目に見えています。

ところが一瞬で突き抜けた存在になった人には、そのコミュニティのほうから近づいてきます。コミュニティの内部の人に興味を持ってもらい、お誘いを受けることができれば、簡単にメンバーにしてもらえます。もちろん何か入会条件があるわけではなく、コミュニティそのものの運営主体もありません。ただあなたに参加してほしいと願う人がいれば、その人を窓口にコミュニティに入っていくことができます。高額な上級経営者のサロンや交流会に参加するのではなく、あくまでプライベートなお付き合いの領域で、多くの重要人物とご縁をつくることができるのです。そんな縁ができたら、完全無料で多くの貴重な学びが得られます。

お金をかけても、学びのための場に身を置こう

成功のためには、学び続けることが重要です。それには良質な学びの場も必要です。どのような場に自分を置くかで学びの質は変わり、習得の速さも違います。

そうは言っても、自分の周りの環境が最初から学びに適したものであることは稀ですし、ハイレベルなコミュニティからお誘いを受けることは、よほどインパクトのある結果を出し、またそのことが人々の口の端に上るようにならなければなりません。一瞬で突き抜けた存在になることができればそのようなお誘いもあるでしょうが、そんな存在に何の助けもなしに

なるのは並大抵のことではありません。

そこに難しさを感じたら、お金を払ってもハイレベルな人々が集うコミュニティに飛び込む方法があります。お金を払えば入れる、素人を門前払いにしないコミュニティもあるのです。

成功した人、一瞬で突き抜けた経験がある人がたくさんいるコミュニティに身を置けば、自分自身が一瞬で突き抜けられる可能性が高まります。

「つるみの法則」という言葉をご存じでしょうか。これは、今の自分の周りにいる5人、あるいは10人の人の年収の平均が、自分の将来の年収になるという、いわば経験則のようなもので、自己啓発系のセミナーなどでよく出てきます。同じような意味で「類は友を呼ぶ」という諺もあります。自分が属するコミュニティがビジネス面で質が高ければ、つまりビジネスでうまくいっている人が多い場合は、自分もうまくいく可能性が高まります。でもあまりうまくいっている人が周りにいない場合や、そこそこ成功者がいても突き抜けた人が少ないという場合には、自分もうまくいかなくなる可能性を考えなければなりません。

だからといって、そのコミュニティから離脱するだけで何かが好転するわけではありません。その場合は、さらに成功者が多いコミュニティを見つけ、そこに参加するのがよいでしょう。

でも、どこに行けばそんなコミュニティに入れるのかは、ただネットを調べたりしているだけではわかりません。また簡単に得られる概要紹介記事や動画などの情報では、本当にそこに意義のあるコミュニティが形づくられているのかどうかが判断できないことが多いでしょう。多少の無駄金を使うことも覚悟したうえで、いくつかの有料セミナーや講座などに参加してみると、その参加者がどのような人たちなのかがよくわかります。また講師や関係者が過去の参加者と関係性を良好に保っているかどうかや、その人たちの人となりや会社や社会での立場もわかってきます。そのうえで、成功している人が多く、自分が成長できる学びの場として適切だと思えたら、継続的にセミナーや講座に参加するようにして、周りの人との関係性を深めていくことをお勧めします。すぐにハイレベルなコミュニティに参加できるとは限りませんが、上質なコミュニティ参加の契機になることが多いものです。

このような取り組みには、少々高額な費用が必要かもしれません。ですが必要な自己投資です。どこにお金を使うかは、自分に何が必要なのかを考えることです。自分に必要なものが、よりよい学びの場であるとしたら、それにお金を使うことに意義があります。お金を使ってでも、よりハイレベルなコミュニティ、つまり成功した人が多いコミュニティに身を置くことが、セルフイメージの変化にもつながり、一瞬で突き抜けることができる可能性を高めます。

ちょっと私の場合の例を挙げましょう。私もただ自然にご縁ができるのを待つだけでなく、さまざまなコンサルタントの方のところに出向き、それぞれの先生がつくり出しているコミュニティの内部に入ってみました。なかでも一番居心地がよかったのが、No・1セミナー戦略会議の代表、遠藤晃先生のコミュニティ、「チームNo・1」でした。そこではそもそも高額講座を受講している方々が集まっていました。高額講座を受講する方にはあまり生活が逼迫している人はいません。たいてい事業に成功している人ばかりです。遠藤先生ご自身は塾業界で活躍された教育者で、その指導の基本方針は「型にはめない」ことでした。遠藤先生は「人間は種子と一緒。種を撒く土地の環境がよければよい植物が勝手に育つ。よい成果を得ようとするとき、多くの人は種を変えようとする。だが種はそのままでも、環境がよければひとりでに大きく育つ」というように語っていました。特別なカリキュラムはなく、正解・不正解を教えるわけでもありません。人の個性を重視し、よいところをどんどん伸ばすように指導していました。

これは、コンサルタント業界のレジェンドの1人である船井幸雄先生が唱えた「長所伸展法」そのものです。船井先生は、「うまくできること、自信があること、好きなことを見つけて、長所を伸ばしていけば短所を補うことができ、決められた枠を超えた大きな可能性を秘めた人間が育つ」と、大略そのような内容のことを語っています。この船井先生の言葉、それを受け継いでおられる遠藤先生の指導法に、私は非常に共感したものです。同時に、私が以前から心の拠り所としてきた、吉田松陰先生の松下村塾で行われていた指導法とまったく同じではないかと感激しました。

そんな遠藤先生のコミュニティからは、たいへん個性的で、少し破天荒なくらいの傑出した人物が続々と世に出ています。事業をしている人は数億円レベルで稼いでいる人がいくらでもいます。コンサルタント業でも1000万円以上の年商がある人が500人くらいいると聞いています。私はそのコミュニティに入ったとき、成功のためのノウハウを毛穴から吸収しているような感覚を覚えたものです。成功者が続出するのも当然だと感じました。基本的な教育理念が私と共通していたこともあり、遠藤先生からも、コミュニティのメンバーの皆さんからも、たいへん多くのことを学ばせていただきました。

私の運営する加納塾の受講者も現在は非常に大きなコミュニティを形成しており、「本学」の学びを共有しているためか非常に緊密・親密な関係になることが多いようです。すでにたくさんの成功者が輩出しており、学びの場として他のコミュニティに勝るとも劣らないものになっていると感じています。

なお、船井先生はまた、「**ツキをもたらす最も初歩的な方法はツイているものと付き合うこと**」だと述べています。ビジネスには運、ツキが必要なのはご存知のことと思います。どんなコミュニティに参加できるか、そこで何が得られるかは、究極的には運なのかもしれません。成功者は例外なく運がいいのは事実です。そのような人々と交流するうち、自分の運がよくなる可能性が高まります。運とか、ツキとかいうのは、確率論的に訪れるものではありません。物事がうまくいった要因には、はっきりとこれだと言えるものばかりでない、小さな必然の積み重ねがあるのだと思います。成功した先輩からの助言のひとことが頭の片隅に残っていて、知らず知らずに成功確率の高い行動をとるというように、成功者の思考や行動を無意識的にとっているからこそ、物事がうまくいくのではないでしょうか。

また、コミュニティに所属することによって、自分のセルフイメージが変化していくことも重要です。より大きなことが成し遂げられる、理想に近づいた自分をイメージして行動することにより、やはり成功確率は上がります。

それは時に、自分自身の力以外の力が働いているかのように思えます。一度でも突き抜けた存在になった人には、そうした意味の「天からのギフト」が与えられるのです。船井先生の教えや、「運」「ツキ」については第3章でもう一度考察します。

一瞬で圧倒的成果を残すには「本学と末学」が必要

成功のためには「生きる意味を考える」こと、すなわち「本学」が大切だと述べました。

しかしそれがわかったから具体的に何が変わるのかとお思いかもしれません。例えば、業務オペレーションの改善で現場効率が上がることはよくあります。それが改善目的なのですから当然ですね。それは「本学」とは異なる「末学」の領域での改善です。もちろんそれはそれでよいことで、事業運営上不可欠なことでもあります。でもそれだけでは一瞬で圧倒的な成果を出すことはできません。本学が経営者と現場に浸透していないと、末学的な業務手法の改善をいくら図っても限界があるのです。**本学と末学の両方が揃ったとき、ビジネスは圧倒的なスピードで成長を始めます。**

私が店舗経営支援の仕事を始めたのは独立前からのことで、すでに22年間、多くの店舗経営と店舗現場をつぶさに見てきました。店舗経営は、さまざまな理由で事業が停滞することがあり、それをあの手この手で改善、回復をしていくのですが、一般的に店舗のお客さまが一巡するまでに2～3ヵ月の時間がかかります。一度何かを改善して、お客さまの店舗に対する満足度が向上しても、リピート来店が増えて効果が出てくるのにそれだけの期間が必要なのです。

しかし、本学を身につけてきた経営者や従業員がいる店舗では、オペレーションなどの改善からほとんど時間を置かずに回復基調が目に見えてくるのです。

何が大きく変わるのかと言えば、店舗内の**ムードと風土**です。経営が停滞した時期には、経営者、店長、従業員の士気は著しく低下して、表情が暗くなり、チームとしての輪が乱れています。そんなとき、本学をもう一度、思い起こすように仕向けると、急速にムードが変化します。荒廃していた風土も、一気にみずみずしさを取り戻すことができます。このムードと風土が一転すると、少々不思議なことですが、たちまち売上が改善するのです。その実例を、私は何度も見てきました。

ある店舗では、ムードと風土が改善した翌日から売上が伸びていきました。またある店舗では、午前中のミーティングで本学を思い起こす取組みをした、まさにその日の夕方のピーク時間帯から売上が伸び始めたのです。まさに一瞬で成果が明らかな形で現れたのです。

ムードと風土を形づくるのは本学です。自分がいま何を成すべきかを、自分の胸に問いかけて、成すべきことをみずから考えて実行する。本学が一度でも心に浸透している人であれば、きっかけさえあればそれができるのです。本学とは人間教育です。私は魂教育と言うこともあります。本学を浸透させるにはある程度の時間が必要ですが、一度浸透していれば、たとえ時間経過などで風化を始めていても、少しの刺激ですぐに復活させることができます。心が上向きになり、モチベーションが上がり、いま成すべきことを実行する機運が生まれたとき、経営は一瞬で変わります。

ただ、そのときには売上なら売上を上げるための手法がなくてはなりません。その手法は末学の領域です。本学を学んだときの原点回帰と、末学による改善手法の両方ができたときこそ、圧倒的な成果が生まれます。

経営が停滞しているときのムードや風土はどんなものでしょうか。具体的に言えば、売上が上がらないといったマイナス原因を他人のせいにしたり、他の従業員に責任をなすりつけたり、人を責めたりすることが多くなります。会議をしてもどんよりとした雰囲気が漂い、建設的な意見が出ないようになります。

逆に、経営が上向いている場合のムードや風土は、上司も部下もお互いにねぎらいの言葉をかけ、小さいことでも役に立つことをしてくれたら必ず「ありがとう」と言い合う環境になっています。言葉のやり取りで相手を貶めず、感謝と賞賛を与えることは最低限のことで、自分たちの目標に向かって一致団結してやろう、そのために自分はこれを頑張ろうと、みんなが課題を自分ごととして考え、それぞれが課題解決に向かって力を合わせることができるムードと風土ができています。それを経営者や上司が強制するのではなく、全員が自発的に考え、行動してくれることが、圧倒的な成果を上げるのに最も重要な要素です。それができるようにするのが本学の教育です。これを従業員全員で共有することが、まず第一に重要です。その上で、オペレーションの改善といった手法を用意することが、一瞬で圧倒的な成果を出すための必要条件となるのです。

加納塾の塾生の皆さんはまず本学を理解し、末学を組み合わせて目標に向かって敢然とチャレンジしています。実に頼もしい皆さんです。こうした方々との交流が、さらに多くの成功者を生み出しています。加納塾は多店舗展開を主軸にしていますが、どの業界でも、同じように一瞬にして突き抜けた成功をおさめた方や会社はたくさんあります。コンサルタント業界でもそれは同じです。自分自身がそうした成功者たちの輪の中に入り込み、自分を磨き上げる努力をすることが、自分も一瞬で成功する可能性を高めます。またコンサルタントを職業とするのなら、お客さまもそんな成功者のコミュニティに参加できるように支援することが大事です。

圧倒的な一番になるための究極の戦略

一瞬戦略について述べてきましたが、塾生の多くは突き抜けた存在になるためにそれぞれ特徴ある戦略をとっています。一瞬戦略は、実は主に5つの戦略から成っています。そのうちどの戦略が適しているかは会社により、タイミングにより、各種の外部要因・環境によって変わります。簡単にその5つを紹介しましょう。

①ワープ戦略

ニュース性、話題性をつくり出すことで、遠くにあった目標を一気に手元に引き寄せるのがワープ戦略です。ニュース性や話題性とは、例えばセミナーを開催するにしても、ただ単純にシラバスを公開するだけでなく、超一流の著名な講師が登壇するとか、いま業界で関心が高まっている新規サービスについてどこよりも早く詳細な解説を行うとか、何か人を惹きつけるような目玉ポイントを用意してＰＲすることで、業界の人々に驚きをもって迎えられるようになります。また業界が異なる分野で非常に高名で誰でも知っているような専門家とコラボレーションするなどして、意外性や新奇性で話題を盛り上げることもできます。

こうした思いがけない仕掛けを意図的に仕込むことで、ニュースとなり、話題となり、通常は周囲に認知されるために長い道のりをたどらなければならないところを途中から一気にショートカットするイメージです。

これには、業界のナンバーワンと目されている企業と組むのが一番です。組むといっても、必ずしも事業コラボレーションをすることだけではありません。大手の著名な経営者と仲良くなり、一緒にメディアで対談したり、こちらからインタビュアーを買って出たりしても効果的です。「実力者だと広く認められている◯◯氏が懇意にしている新進気鋭の△△氏」という形でメディアに登場できれば、知名度やブランドがまさに一瞬ではね上がります。もちろん事業提携をして新サービスを行うとか、商品を共同開発するとか、ニュースのタネになるようなことができれば、そのほうがマスコミに取り上げてもらいやすくなります。相手の知名度を利用することになりますが、相手の利益を考えて、お互いが得をするような形であれば問題はありません。

②一石五鳥戦略

よく一石二鳥といいますが、何か1つの行動で2つの成果を得るくらいでは、なかなか一瞬で突き抜けることはできません。1つの石を投じたら、鳥が5羽捕れるような、効率的で生産性の高い策をとることが一石五鳥戦略です。これは大事なので、項を改めて述べます。

③タイミング戦略

市場の状況変化を見極め、最適なタイミングで策を打つのがタイミング戦略です。「時流適合」という言葉がありますが、決して下り方向のエスカレーターに乗らず、上昇基調の上り方向エスカレーターを選んで乗らなければなりません。業界ごとに好不調の波は必ずありますから、数年先の状況を予測して、市況が数年先まで上昇傾向にあると考えられるときにその業界に参入し、投資していくのが正解です。ただし、これまでに経験、ノウハウのない業界にいきなり参入するのはリスクが高いことを覚悟しなければなりません。同じ業界の中にも、領域によって浮き沈みがあります。例えば飲食店なら、大型の総合レストランよりは専門店のほうが時流に適合しています。ＩＴサービスならシステム運用サービスよりはデータ分析やモバイル、クラウド、ＡＩなどの領域のほうが波に乗れる可能性がはるかに高いでしょう。市場や経済の動向に常に注意を払い、適切なタイミングを見計らって行動することが、短期間にトップに向かって駆け上がる秘訣です。

④ナンバーワン戦略

あるニッチな領域で、ナンバーワンになることを目指すのがナンバーワン戦略です。これは市場を分析し、競合他社のポジショニングを明らかにすることから始まります。マーケティングではよくポジショニングマップを使います。一般的には、例えば価格が安いか高いかを縦軸にとり、カジュアルかフォーマルかを横軸にして、４象限のどの位置に各社の商品が位置づけられるのかをプロットします。購買決定要因を軸にとりますから、軸は対象業界によって違いますし、２軸とは限らず、３軸、４軸などで分析する場合もあります。これを行うと、空白の大きい領域がひと目でわかるようになります。その領域にはライバルがいないか、いても少数に違いありません。その領域に適合する商品を提供すれば、その領域においてナ

強者	1位のみ	73.9%	上限目標値	独占的となり、その地位は絶対的に安全となる。ただし1社独占は必ずしも安全性・成長性・収益性がよいとは言えない。これ以上のシェアは取らないほうがよい。	リーダー
		41.7%	安定目標値	3社以上の競争の場合、圧倒的に有利となり、立場が安定する。首位で安定が見込める独走の条件。	リーダー
		26.1%	下限目標値	強者（1位）の最低条件。これを下回ると1位であっても、その地位は不安定。	リーダー

弱者	市場地位2位以下	19.3%	上位目標値	弱者だが、上位グループに入り、1位も狙える地位。	チャレンジャー
		10.9%	影響目標値	10%足がかりと言われ、市場参入時の目標となる。市場全体に影響を与え、競合とのシェア争いが本格化。上位目標値までがシェアアップの難所。	フォロワー
		6.8%	存在目標値	競合に存在を認められる程度で、シェア争いが本格化する前の段階。撤退の基準とする場合もある	フォロワー
		2.8%	拠点目標値	市場参入時に、まず土台をつくる段階での目標値。	ニッチャー

図1　ランチェスター戦略が説く1位企業と2位以下の企業の特徴

ンバーワンになれる可能性が高まります。

ニッチな領域であっても圧倒的なナンバーワンになれば経営は安定し、ブランド力も高まります。

ビジネスのバイブルとも言われる「ランチェスター戦略」（図1）でも、ナンバーワンとナンバーツー以下の会社の大きな違いが説かれています。またやはりビジネス界で競争戦略として人気が高い「孫子の兵法」でも同じことが述べられています。狭い領域であってもナンバーワンを目指すことで、圧倒的な結果を実現することができるのは定説なのです。

⑤プラットフォーム戦略

プラットフォームとは、ここではビジネスの場という意味です。アマゾンなどのインフラ事業のようなものと考えればよいでしょう。巨大な分散コンピュータ・ネットワークが彼らのプラットフォームです。そのプラットフォーム上で、ECを行う会社が商品を売り、書店が本を売り、さまざまな企業が情報システムやクラウドサービスを構築・運用しています。ありとあらゆる電子化可能なビジネスが、プラットフォーム上に集い、プラットフォームの使用料を払いますから、プラットフォームを所有する会社は、設備投資と電気代、保守費用だけで莫大な収益を上げることができます。アマゾンの場合は誰も太刀打ちできないくらい超巨大なコンピュータシステムをグローバルに展開していますから、そのビジネスを真似することは困難ですが、アマゾンなどの既存インフラをプラットフォームとして利用させてもらいながら、そのプラットフォーム上に、小さくとも専門領域では非常に有用な自社独自のプラットフォームを構築することは容易です。私は自社製の「多店舗化プラットフォーム」を構想しており、オンラインサロン、Eラーニング、投資ファンド、AI利用の業務トレーナーアプリ、企業や人のマッチングアプリなどを載せていきたいと考えています。いわゆるEdTech（エドテック）と呼ばれる、ITを駆使した教育を中心に、多くのコミュニティをそのプラットフォーム上に集め、多店舗化に関連する各種サービスのショッピングモールのようなものを創り出したいと考えていて、一部はすでに開発を進めています。

ただ、プラットフォーム戦略は資金が少なくとも億単位でなければ着手できません。これからコンサルタント業を始めようという方にすぐに取り組むことはまったくお勧めしませんが、将来的にはプラットフォーム戦略をぜひ検討していただくとよいと思います。

「一石五鳥のメリット」が起爆剤となる

さて、先ほどの「一石五鳥戦略」について説明しましょう。五鳥とは言っていますが、六鳥でも七鳥でもいいのです。1つの施策で、最低5つのメリットが手に入るように考えるのが、この戦略です。

例えば、得意ジャンルが異なる飲食店のコラボレーションでは、同一店内で両方のメニューを一度に注文できるので、単品の注文よりも客単価が高くなります。コラボレーションするという一石を投じたことで、それぞれの店舗で単品を提供するのに比べ、店舗オペレーションが楽になる可能性があります。また、広告・宣伝コストも、同一の新聞折込や雑誌広告、チラシなどにすることでコストカットできるかもしれません。すると、①売上が上がる、②利益率が上がる、というダブルのシナジー効果が出てきます。

またコラボレーションが斬新で注目される試みであれば、人の噂にもなり、メディアにも取り上げられるため、広告・宣伝コストはかけずに、③ニュース性で注目され、④全国的に知名度を上げブランディング効果も上がります。また。⑤両社の持つ固定客を、お互いにシエアすることができます。これが販売ビジネスであれば、見込み客のリストの共有も可能でしょう。もしリストの交換ができれば、それからは今までリーチできていなかったお客さまに対するマーケティングがお互いにしやすくなり、事業の拡大スピードは2倍になることがありえます。

このようにメリットを細分化して考えて、メリットが多くなる施策をとることで、圧倒的な成果を短期間で上げやすくなります。

一石五鳥戦略では何を優先して実行すればよいでしょうか。私は、まずはお客さまリスト（既存・見込み）の作成を挙げたいと思います。それがあれば、今後のマーケティングのターゲット精度がより上がり、事業が成功する可能性が高くなります。次は売上が上がるかどうか、その次がブランディングです。さらに、本業への影響がどれだけあるかです。要するに本業の営業利益が増えるかどうかですね。戦略によっては本業以外の売上や利益が上がっても、本業そのものにプラスにならない場合があります。営業利益がどうなるのかに注目していただくとよいでしょう。また、よい人脈がつくれ、拡大できるかどうかというところを、優先して考えるとよいと思います。付け加えれば、利益率が上がるのか、プラットフォームが構築できるのか、という点も、考慮することをお勧めします。

「目の前の利益」と「10年後、20年後の利益」を両立させる

一瞬戦略の重要性とメリットを考えてきましたが、ただ1回だけ一瞬で突き抜けただけでは、その成果が10年後、20年後にも及ぶかどうかわかりません。目前の利益を享受しながら、未来のために投資することが重要です。投資をし続けるべきなのは、まずは自分自身でしょう。学びのための投資をし、自分を磨き上げ、ハイレベルなコミュニティに所属し、素晴らしい人々と交流して、自分を可能な限りの高みに到達させることを考えるべきだと思います。

でもそれだけでは不十分です。先ほど5つに分類して紹介した一瞬戦略の中で、適切なものを適時に選び取って、繰り返し実行していくことが必要です。プラットフォーム戦略は資金がなければ選べない戦略ですが、10年、20年のスパンで計画的に実行していけば、現在は資金がないとしても、必ず実現可能性が見えてくるはずです。

なお、一瞬戦略は、短期間で咲いたはいいが、ともすればすぐに散ってしまう可能性もあることに気をつけてください。どのような場合でも、一瞬で事を成すと同時に、それが将来のビジネスチャレンジに結びつくかどうかを考えていただきたいと思います。

第2章

事業家の条件「志・ビジョン・戦略」

理念とは、この世に生を受けた人が究極的に成すべきことの意

事業家にとって最も大切なことは何かといえば、私は「志」「ビジョン」「戦略」の３つだと断言します。３つすべてが不可欠ですが、なかでも「志」はすべての始まりであり、これがなければ何事も成しえない、最も重要なことです。「ビジョン」は「志」から生まれて形づくられ、「戦略」によって具現化します。

私は、前職で10店舗を統括するマネージメントを担っていた頃に、半年間で　社員のおよそ3分の1が一度に離職するという事態を経験したことがあります。これが私にとって、仕事とは何か、人生とは何かを真剣に見つめ直すきっかけになりました。

私と同じ理想を持って働いていたはずの仲間が、じつは同志ではなかった。そのことに愕然とするとともに、なぜ人が仕事から離脱してしまうのか、一緒になったと思っていた心が離れてしまうのか。それに悩みながら日々を悶々と過ごし、答えを求めてさまざまな本を読み、人に会い、研修の機会があれば参加しました。私の問いは、やがてなぜ人は生きるのか、何のために仕事をするのか、働くことの究極の意味とは何なのかと深まっていったのです。

その煩悶のなかで出会った一編の小説に、司馬遼太郎の『竜馬がゆく』がありました。その中にあったのが、**「世に生を得るは事を成すにあり」**という言葉です。その直前に司馬遼

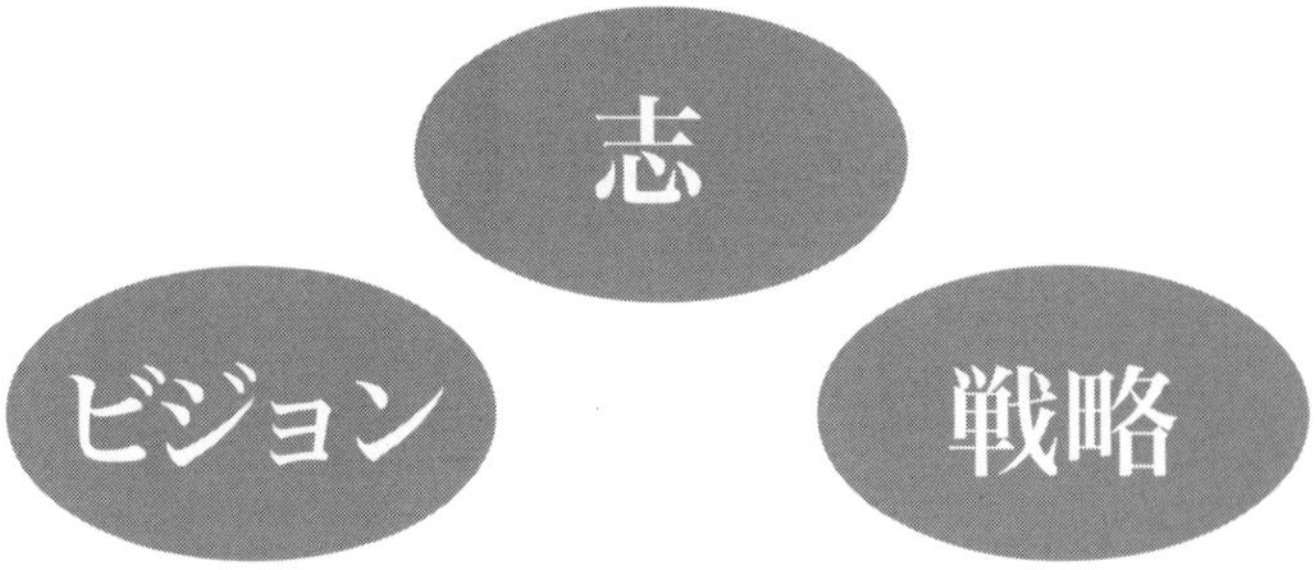

図１　事業家に必要な３つの条件

太郎は龍馬に「生死などは取りたてて考えるほどのものではない。何をするかということだけを常に考えている」と語らせています。さらに「事」とは「仕事のことである」「（その仕事が）先人の真似事は（真似事であるようなら）くだらぬ」という記述もあります。この小説こそ、坂本龍馬を誰もが知る幕末のヒーローに育てた最大の労作です。日本の歴史書の中では格別の言及がされていなかった龍馬に血肉を与え、その死生観や理念、行動の美学を一般に訴えたのです。その結果、この小説は売れに売れ、映画やテレビドラマなどに仕立てられてきました。これは単にストーリーが優れていたことばかりが要因なのではありません。その中に散りばめられた幾多の警句、名言が、人の心に染み入るからなのだと思います。

その名言のなかでも最も私の心に染みたのが「世に生を得るは事を成すにあり」だったのです。この言葉に感銘を受け、人生訓のように引用する人は数多くありました。私が坂本龍馬について深く知るようになったきっかけも、尊敬するビジネスリーダーの方々が、この言葉を引用しながらそれぞれの人生哲学を語っていたからなのです。

なかでもソフトバンク創業者の孫正義会長は、講演などで繰り返しこの言葉を引用しています。そして「**登りたい山を決める。これで人生の半分が決まる**」と続けます。「登りたい山」とは、すなわち「己の一生をかけて何を成すのか」「何を成したいのか」ということですね。それが決まらなければ人は迷路に入り込み、行先もわからずただ歩き続ける、生き続けるだけになってしまいます。明確に「登りたい山」、つまり目指す理想、目標を定めて、そのために頭を使い、身体を使い、命を捧げていく。そうでなければ「大事」は成し遂げられない。こうした龍馬と孫会長の人生哲学に、私は完全に魅了されていったのです。だからこそ、私のコンサルテーションや講座のカリキュラムでは「理念設計」に最も力を入れているのです。

どのような形でビジネスを進めるのかは、それ以前にある「自分の命を、何のために使うのか」「何を成したいのか」という問いに、まず答えられなければなりません。それこそが自分自身の「理念」であり、それを同志と一緒に成し遂げようとするとき、会社や事業の「理念」が産まれます。

このような「成すべきこと」の自問自答を果てしなく繰り返した結果、私は究極の成すべきこと=理念として次の言葉を導き出しました。「コンサルタントとして、この国と自分に関わる10億人の人々を、物心両面から豊かにする」。これが私が打ち立てた「錦の御旗」です。

なぜ10億人の人々を豊かにすることを目指すかといえば、世界最大級のソーシャルメディア（ＳＮＳ）であるフェイスブックのように、世界への影響力を最大化したいと考えたからです。フェイスブックは２０１２年にユーザー数が世界で10億人を超え、ソーシャルメディアが現在のように普及・発展する先駆的な役割を果たしました。

そのサービスは世界の隅々にまで届き、人種・国籍・性別・年齢・職業その他、すべての多様性をそのまま包含して、極めて大きく豊かなコミュニケーションが可能な世界をつくり出しました。そのように、日本にとどまらず世界への影響力を限りなく高めて、世界を豊かにしていきたいと思います。フェイスブックは海外企業ですが、実はかっての日本の先人たちは同じように世界を豊かにしたいという志を抱えてさまざまな貢献をしてきました。その志を引き継ぎ、世界の人々を豊かにする仕事を成就させるために、最大級の影響力を持ちたいと願っています。だからこそあえて「10億人を物心ともに豊かにする」と言葉にして、私の人生の目標としたのです。

人は皆、事を成すために生まれてきた

このような究極の目標を言葉にするためには、ただ本を読んだり講演を聞いたりするだけでは不十分でした。振り返ると、2つの体験が私の理念形成に大きな影響を与えてくれたと思います。

バランスのとれた視点から世界を見ること

1つは、今でも人生の師として尊敬している、ある方との出会いです。私が32歳のときでした。人生やビジネスへの答えを探していたときに参加した、4泊5日の研修会での出会いでした。このとき、私は吉田松陰先生の言う本学の大切さとともに、事業計画書をつくることの大切さを学んだのですが、それだけでなく、特に明治から昭和にかけての戦争の意義について、少年から青年になるまでの間に学んできた視点とは異なる歴史観を教えていただくことができました。それを「命を何のために使うのか」という松陰先生の問いかけとともに学ぶことで、私の内面が大きく変わったのです。

日本が朝鮮半島や中国大陸、東南アジア諸国に軍隊を送り、欧米諸国と中国を相手に繰り

広げた戦争は、ただ侵略と支配・収奪のための軍事力行使ではなかった。欧米の植民地と化していたアジア地域の民族を解放するための聖なる戦いだったという側面に、多くの人はまだはっきりと気づいていないのではないかと思います。第二次世界大戦後、多国籍軍に占領された日本では、戦勝国の論理で歴史が語られるようになりました。欧米諸国のアジア侵攻と植民地化の論理と日本の軍事行動の論理とを同一視、あるいはもっと悪し様に語る論調ばかりが、戦後から平成の時代を通して続いていました。「勝てば官軍」といいますが、占領軍を率いたアメリカの側の論理が、初等教育から高等教育に影響を及ぼし、多くの日本人に「日本は悪い戦争をした」という意識が植え付けられるようになりました。これが自虐史観と、今では言われるようになりましたが、その通念をひっくり返すような事実を、私は人生の師からこのとき学んだのです。

もちろん戦地での悲惨な状況や、非戦闘員への攻撃や残虐行為など、戦争には目をおおいたくなるような事実がたくさんあります。それでも、日本がそのとき欧米諸国に軍事力で立ち向かわなければ、その後のアジア諸国の独立は実現しなかったし、日本自身の独立も危うかったと思います。歴史を見る目はただ一方向の視点ばかりでは不十分です。良い面、悪い面を含めて、また支配する側、支配される側の両方の論理を理解する必要があります。偏らず、バランスのとれた視点からの考察こそが必要だということを、この研修を通して、私自身の自分ごととして考えるようになりました。

社員が集団で離脱したのはこの少し前のことです。私はこの危機的状況を生んだのは自分自身ではないかと自分を問い詰めました。当時の私は、会社経営側の論理を最優先に考え、売上や利益のために働き、数字を残すことに価値があると思っていました。私は社員の心を考えることを忘れていたのではないかと、猛省しました。

アンバランスな論理が会社を危機的な状況に追い込んだという反省から、私はそのすぐ後に、すべての社員やアルバイト従業員に対して、自分の過去の行動を謝罪して回りました。従業員の皆さんは、私が変わったことにすぐに気づいたようです。その瞬間から、マイナスに傾いていた事業部のムードがプラスに変わり、一瞬で風土が一変したのです。そして事実、それから各店舗の売上がみるみる増大し、事業部全体で13ヵ月連続2桁の売上向上が実現したのです。

基本的な業務オペレーションは何も変わっていません。ただ私の謝罪により、従業員の仕事に対する考え方が変わっただけで、大逆転の業績改善が起きました。これは「心のあり方」がビジネスの業績を大きく左右するという、現在の私のコンサルティングの根本部分を形づくった貴重な経験になりました。

多くの犠牲のもとに生きている私たちの使命

そしてもう1つの大きな体験は、38歳のときに、尊敬する経営者の方に勧められて鹿児島県の知覧を訪れたことです。その経営者に「成功したいのなら知覧に行ってこい」と言われ、人生観を学び直す思いで向かった知覧には、第二次世界大戦末期に陸軍の特攻（特別攻撃隊）拠点がかつてありました。九州には多くの特攻基地があるのですが、知覧には特攻関連資料を展示する知覧特攻平和会館があります。そこでは、特攻隊員の遺影や遺品が多数展示されており、特攻に使われた零戦の実物や他の戦闘機の実機・レプリカも見ることができます。この遺影や遺品の数々を見て、私はその場で動けなくなるほどの衝撃を受けました。広島や長崎の原爆資料館は、無辜の市民がどれほど残虐な被害を被ったかを肌身に感じることができますが、知覧では、みずから死を覚悟し、国や愛する家族のために旅立った多くの特攻隊員の、体温が伝わるような遺品が並んでいます。なかでも胸を打ったのが、特攻隊員たちの遺書です。

丁寧に読んでいくと、そこには対戦国である英米への憎しみや敵意の言葉はなく、陛下への忠誠の言葉も、実はあまり多くありません。ほとんどの遺書に綴られていたのは、父母をはじめとする家族への感謝の言葉でした。戦争の犠牲になって死ぬことを恨むのではなく、家族に感謝して、しかも親孝行ができないことを悔やんでいるのです。当時の私よりもずっと若い人々が、愛する人のために犠牲となることを望み、特攻が大きな戦果を挙げることを願っていたのです。

この精神性が、私にショックを与えたのです。特攻という戦術が正しいかどうかということとは別に、死に直面しながらも、みずからが生まれてきた意義を愛する人々を守ることに見出した特攻隊員たちが、けっしてうろたえることなく、最後の最後まで使命に正面から向き合った、そのことに感動しました。同時に、そのような精神を持って戦った人々の犠牲の上に、今の私たちの生活があることに感謝の気持ちがこみ上げてきました。さらに、私自身の生き方が情けないものに見えてきました。複雑な感情が入り混じって、しばし呆然としてしまいました。

人は生まれたらいつかは死にます。しかし魂は不滅です。その人の想いや行動は、後世に必ず残ります。特攻隊員の方々がこの世で成し遂げようと思いながら成し遂げられなかったことがたくさんあるはずです。私はその魂を受け継ぎ、この世で再生する義務があると感じました。きっと彼らが望んでいたに違いない、幸せに、安心して豊かに暮らしていける世の中を、彼らの犠牲の上に暮らしている私が実現していかなければならないと、このとき決意したのです。

もちろん戦争の犠牲になったのは特攻隊員の方々ばかりではありません。例えば数万人を数える戦死者や戦病死者を出したインパール作戦で生き残って帰還した兵士たちの声が残っています。彼らは「優秀な人ほど先に逝った。その人たちの人生を私たちが背負って生きていく」という旨のことを話しています。戦後も、戦地に散った同志の人生をいつも背中に感じながら、歯を食いしばって生きてきた人々がいたから、日本は再生することができました。私たちはそうした人々の努力の上にあぐらをかいている。果たしてこれが、特攻隊員たちの望んでいた未来だっただろうか。私は、今の日本を彼らに見せられないという気持ちになりました。「この国を愛し、この国を命がけで守った英霊たちのおかげで、こんなに幸せで豊かな日本になりました」と自慢して見せられる日本にしたい。知覧での体験を通して私はそう思ったのです。

このときの私の気持ちを加納塾の塾生の皆さんにお伝えするとき、こんな喩えをします。「あなたが修学旅行などで40人の同級生と一緒にバスに乗りました。そのバスが交通事故に遭い、あなた1人だけが生き残りました。そのとき、どんなことを感じますか?」。返ってくる答えは、「運がよかった」ということよりも、「亡くなった39人の分の人生を背負って残りの人生を生きていきたい」という強い責任を意識する人のほうが多いのです。私はその責任感は尊いと思います。

世界一心の純度が高く、稼げるリーダーを結集する

話を戻しますが、私は40歳を過ぎるまで、具体的にどうすれば幸せで豊かな日本に貢献できるのだろうかと考えてきました。できるだけ大きな貢献がしたいと思い、政治の世界はどうか、教育の世界はどうかと考えてみましたが、どちらの世界も非常に堅固な既成勢力があり、既得権益を守ろうとする傾向が非常に強いと感じました。勝負を挑むにしても、最初から負け戦になると予想される戦場は選ぶべきではありません。

そこで、勝つための戦場として選んだのが経済界です。それも、日本の会社の97％を占める中小企業、その中で90％を占める従業員数30名以下の規模の企業に、私ができる限りの支援をしていこうと決めたのです。

中小企業では経営者である社長の影響力は絶大です。また従業員教育を社長自身の手で行うことも多いです。そこで中小企業への支援の第一歩は経営者へのコンサルティングが最善だと考えました。中小企業の経営者に影響を与えることができれば、その企業の従業員にも影響が波及します。できるだけ多くの人に私の想いを伝えるために、中小企業の経営者へのコンサルティングでトップになることを決意しました。トップコンサルタントになれば、その世界では最大の影響力を持つことができます。そこに、死生観にベースを置き、命を何に使うかという本学を浸透させて、経営者の「志」を確固たるものにし、「ビジョン」を描き、「戦

略」を立案する。その手助けを行うことにより、日本を、世界を変えていくことができると思ったのです。

そのためには私自身が売上を上げなければなりません。輝かしい理想を掲げた多くのNPO法人が、経営不振や資金不足に陥って力を失っていく様子を見てきましたから、どんな理想もきれいごとだけで実現できるわけではないことはわかっています。

船井幸雄先生は「**経営には正しい目的がある**」と言いました。その目的とは、社会性・教育性・収益性の追求です。世の中のためになることを追求するのが社会性の追求、社会に貢献できる人間を育てるのが教育性の追求で、この2つは誰でも腑に落ちると思います。3番目の収益性の追求は、これらに並ぶと少し意外な感じがするかもしれません。でも、収益性を同列に並べることが、船井先生の実践的な考え方をよく表していると思います。「赤字は天地自然の理に反する」という旨も述べています。天地自然の理は松下幸之助先生が重んじた概念なのですが、船井先生は赤字経営を続けて倒産する会社は、天地自然の理に反しているから社会から退場させられるのだと説いているのです。実際には赤字経営であっても事業が社会のためになることが明らかで、将来の収益が客観的に認められている会社の場合なら、融資が途切れることもなく倒産せずに逆に発展していくのですが、長期的に見ても赤字から脱せない会社は維持できず、天地自然の理によって排除されてゆくのが当然です。

これとほぼ同じことを、私の尊敬する二宮尊徳も言っています。**「道徳なき経済は犯罪であり、経済なき道徳は寝言である」**という言葉です。経営学者のピーター・ドラッカーもまた「全く私心のない天使が経営者であったとしても、利益には関心を持たざるをえない」と、経営者は収益性を考えないわけにはいかないことを指摘しています。

世のため人のためを純粋に思っていても、その志を持ち続けて事業を展開するには、そのための組織を維持するためにも、事業を拡大していくためにも、お金を稼ぐこと、儲けることに貪欲に取り組むことが絶対に必要なのです。この二面性を十分に理解しておかなければなりません。

このような先人の言葉にも触発され、私は**物心両面で豊かになることを目指したコンサルティングを行い、世界一心優しく、世界一心の純度が高い、しかも稼げる経営者を集めたい**と思いました。加納塾には今、そんな経営者がたくさん集っています。この輪を広げ、日本と、アジアを中心とした世界のリーダーを1万人、2万人と育てていきたい。これが私の「志」です。

これはその昔、聖徳太子が唱えた「和をもって貴しとなす」というやまと民族の考え方です。みんなが仲良く、優しく手に手をとって、物質的にも精神的にも豊かな世界をつくり出したい。独立運動を戦い、植民地から脱したアジア諸国の皆さんにも、この考え方は共有できるものと信じています。

実際、現状でも加納塾は他のコンサルタントの活動を圧倒的に上回るような成功者を生み出してきました。これは他のコンサルタントとはもともと目指すところが違うからだと思っています。「志」が明確だからこそ、成功するのです。「志」をもとに生まれるのが「理念」であり、理念が明確にされている会社だからこそ成功するのです。これは普遍的に、成功企業、成功者に共通する大事なポイントです。経営者の皆さんに、そこに気づいてもらうことが、加納塾の大事な1つのテーマになっています。

「第二の誕生日」（立命の日）を迎えると人は生まれ変わる

船井幸雄先生にはこんなエピソードもあります。先生は新入社員が集まる入社式で「何のために仕事するか」と問いかけるそうです。新入社員はまさか「生活のため」「お金のため」というような答えを求めているはずはないと悩み、誰も答えられずにいると、船井先生は、「人間はみんな1枚の手紙を持って生まれてきている」と語りかけます。その手紙には、自分は何を成すべきかという役割が書かれていると言うのです。しかしこの世に生まれ落ちた瞬間に、手紙の存在やその内容を見失ってしまう。その手紙の存在と、そこに書かれた自分の役割に気づくには働くしかない。「働く」とは「はた（周りの人々）」を「ラク（楽）」にすることだと説きます。自分の長所や強みを利用して、いかに周りの人々の人生に貢献できるかを模索することが、働くということの意味だと船井先生は言います。そして一所懸命に働くことで、より早く、もともと生まれたときから持っていた手紙の存在に気づき、その封を解き、そこに書かれていた内容＝自分のこの世での役割に気づくことができる。その役割に気づいたときが、自分の「**立命の日**」だと言うのです。

この入社式での言葉に私は衝撃を受けました。私はそれまで馬車馬のように働いてきましたが、そのモチベーションを生み出しているエネルギーが何なのかが、見事に説明されたと思ったのです。私が仕事をひたすら頑張ることで、自分がこの世で何を成すべきかを問い続けていたのだということと、それが私だけの特別なことではなく、誰もが仕事を通して求め続けていたことなのだと、改めて教えられました。

立命の日という言葉は、「第二の誕生日」とも言われます。この言葉で思い出すのは、松下幸之助先生の「命知元年」の告辞です。現パナソニックの松下電器を松下先生が創業したのは大正7年ですが、この告辞は昭和7年5月5日に行われました。この日、全店員を大阪の中央電気クラブに集め、松下幸之助先生はこう宣言したのです。「生産の目的は日常生活の必需品を充実豊富たらしめ、生活内容を改善拡充せしめること」であり、「その使命の達成を（松下電器の）究極の目的とする」と。松下電器の使命、理念がこのときに確立したのです。パナソニックは、この告辞の日を創業日とし、その年を命知元年として、今もそのときの理念を継承しています。「命知」とは、事業の真の使命を知った、という意味です。

この理念を打ち立てるに至ったきっかけは、松下幸之助先生が「回想録」の中で天理教の施設を見学したことだと述べています。取引先の人に誘われて本山を参拝したところ、教団の繁栄ぶりに驚くとともに、信者が奉仕活動として製材所で明るく働いていて、使う材木は全部献木だと聞いてさらに驚いたと言っています。この頃は銀行の取り付け騒ぎが起きるなど不景気な時代でしたから、倒産が連続する電気業界とのあまりの差に驚愕したのです。

何が違うのかを考え、教団の人たちはみんなが尊い仕事に従事している、信念に燃えているところが違うと気づきました。宗教が人の心に安らぎを与えるとしたら、我々は貧を克服するために物資を豊かに供給する。「その両輪が備わって初めて人間生活が完成するんだ。その両輪は同じ尊さのものや」。そう考え、これをまず社内に宣言しなければならないと考えたのだそうです。松下先生がこのことに気づいたときが、船井先生の言う「立命の日」であり「第二の誕生日」です。松下先生は「それまでの松下は、いわば社会の通念に従って、お得意先を大事にし、熱心に商売をやって成功しつつあった。その程度のことに過ぎなかった。しかし、教団を見学して帰りの電車の中で、新しい信念、ぼくなりの使命感がはっきり持てるようになった。みんなが、そのぼくの考えを熱狂的に受け入れてくれた。だから、その後の松下の発展は早かったのですね」と振り返っています。

立命の日、第二の誕生日は、一所懸命に働いていなければやってきません。しかしやってきたとき、その人は生まれ変わります。その人が経営者なら、会社も事業も生まれ変わります。それは、本当に一瞬のうちに起きるのです。

私の志は「10億人の人々の無限の可能性を引き出す」こと

翻って、私の立命の日、第二の誕生日はいつかと言えば、中小企業の経営者のためのコンサルタントになろうと誓ってがむしゃらに働き、創業2年3ヵ月で年商1億円に到達したときです。その日、「10億人の人々の無限の可能性を引き出す」「和をもって貴しとなす」という私の志、理念が生まれました。

その日が第二の誕生の日ですが、誕生までに胎内で想いを育くむ時間が必要でした。受胎の瞬間は、間違いなくあの知覧での衝撃です。その衝撃を胸に刻み、人類・社会に恩返ししたい、立派な日本男児として世の中に貢献したいという想いが膨らみ、想いを現実のものにするために働き続けることで、想いは成長し、磨かれ、ついに最初の目標である年商1億円を達成したとき、この想いが天地自然の理にのっとった事業として動き始めたことを感じました。私の長所であり強みである、ものごとの考え方をわかりやすく人に伝える「教える能力」が世界の人々の役に立つことを確信したのです。

以前、前世がわかるというチャネリングを行うチャネラーの桑原明巳さんに私の前世を調べてもらったことがあります。すると、技術職、専門職、武道家、武士、昔の村の村長などの政治家、などという経歴が見えたといいます。そのなかでも塾を開いていた前世もあるといい、多くの門下生に世界の古き良き文化や伝統を教えていたとのことです。それを聞いてなるほど、と膝をたたきました。前世での職業の影響かどうかはわかりませんが、まさに私がやっていることとリンクしていたからです。もちろんリンクしているのは、松陰先生の本学をはじめとする古き良き日本の伝統です。ただ、それに加えて、私は新しく良きものをミックスして教える役割を負っていると感じています。

現代に生きる人は誰でも、世界がこのまま持続するとは考えていないでしょう。何かが変わっていかなければ、世界は前に進みません。それには、古き良きものや伝統を再生させることと、新しい可能性を開くテクノロジーや考え方を広めることの両方が必要です。私はその両方を人に伝え、教えることが使命なのだと感じています。その先には、伝え、教えることを通して、私の代わりに伝え、教える人を育て、拡大していくことが待っています。10億人の人々が覚醒し、それぞれが自分らしく立命の日を迎えられるようにすることが最終的な私の役割です。そのためにまず2万人の同志を覚醒させ、さらに周りに影響力を行使していくことが必要です。そのためになら、私はどんな労力も厭いません。24時間、365日働き続けても全然疲れないのです。趣味で過労死する人はいないといいますが、志を追求することでも過労死などしません。むしろ健康にはプラスです。そのプロセスそのものが楽しいからなのだと思います。

幕末の英雄である西郷隆盛は「命もいらず、名もいらず、官位も金もいらぬ人は、始末に困るものなり。この始末に困る人ならでは、艱難を共にして国家の大業は成し得られぬなり」と言っていますが、まさにそんな気持ちになっています。この言葉については本章末尾でもう一度考察したいと思います。

命の使い方——何のためなら死ねるか

「武士道といふは、死ぬ事と見つけたり」という言葉は、昔の武士の忠節や死を前にした潔さを強調するときによく引用される一節ですが、本当の趣旨とは違うようです。

この文章は佐賀藩士・山本常朝が口述した「葉隠」の「聞書第一」の二つ目の冒頭にある

言葉なのですが、同じ聞書の末尾の部分には「毎朝毎夕。改めては死に、改めては死に、常住死身なりて居る時は、武道に自由を得、一生落度無く、家職を仕果すべき也」とあります。つまり死ぬときは潔く死ねというのではなく、毎日死んでもよい覚悟で生きていれば、武道も家職もうまくいく、という意味の言葉のようです。これは本章冒頭で紹介した『竜馬がゆく』の「生死などは取りたてて考えるほどのものではない。何をするかということだけだと思っている」と相通じるところがあるのではないでしょうか。

成すべき事に対してひたすらに一所懸命、命もいらないというほどに打ち込むことで活路が見出せる。生きる意味がわかる。船井幸雄先生や松下幸之助先生の「立命の日」とも通じる部分があります。そして吉田松陰先生が説く「本学」、すなわち人は何に命を使うべきかを考えることとも通底しています。多くの偉大な先人たちは、**個人の生死を超えたところに生きる意義を見出している**のです。それは家族だったり、国家社会だったり、世界そのものの安定や平和、幸福を求めることにつながっています。

どのように生きるかは、裏返せば「何のためなら死ねるか」という問いかけです。「命もいらぬ」と思える「成すべきこと」が見つかったとき、人は究極の幸せを感じます。それを成し遂げたときのイメージ、理想像が「ビジョン」なのです。そのビジョン実現のために、どんな行動をとるべきなのかを考え、計画を立てることが「戦略」です。だからこそ、事業家にとって最も大切なことが「志」「ビジョン」「戦略」になるのです。私の考える理想のコンサルタントは、**志ばかりでなく、ビジョンを描き、戦略を立案すること**が仕事の中核です。コンサルタント自身が自分自身の命の使い方を追求し、それを多くの同志と共有していくことが大切です。それがあって初めて、コンサルティングを受ける人々がビジョンを描け、戦略を立てられるようになります。まずは根本の「何のためなら死ねるか」という問いを、自分自身に何度も問いかける必要があると思います。

リーダーシップとは、理想の未来を見せること

経営者であるからには、多くの人々を惹きつけ、共通の目標に向かって意思を統一しながら、一丸となって課題に挑戦していく必要があります。多くの人を率いる能力をリーダーシップと言いますが、第1章で紹介したコンサルタントの遠藤晃先生からは「リーダーシップとは、別の未来を見せる能力だ」ということを教わりました。一般的には、人を統率する能力とか、指導するスキルとかに優れた人がリーダーにふさわしいと思われがちなのですが、遠藤先生は、見事に斬新な解釈で、しかも現代的で納得のいく定義をしてくださいました。つまり、誰もが「この人についていけば、現在の延長ではなく別の未来を手に入れることがで

きる」と思えるような、当たり前の未来ではなく、想像したこともないような別の未来を、パラレルにいくつも提案する能力を持った人がリーダーにふさわしいと言うのです。リーダーシップの定義がいろいろ言われる中で、これが一番、私の腑に落ちました。

例えば、人はなぜ商品を買うのでしょうか。「安いから」というのは、あまり重要な理由ではありません。最も購買動機になるのは、自分がこれを持てば、自分が変われる、というイメージなのです。例えば、「このスポーツ用品を買えばダイエットできる」とか、「このサービスを契約すれば営業成績が上がる」とか、今のままでは手に入らない、ポジティブな未来がイメージできるから、モノやサービスを買うのです。これまでヒットしてきた商品で言えば、スマートフォン、タブレット、音楽や動画のネット配信、ＳＮＳなどは、まさに多様な未来生活のイメージを創り出すことで成功を収めてきました。商品開発やマーケティングのみならず、セールスやコミュニティづくりも同じです。

変化の激しい現代社会では、目に見えている、予測可能な未来を描いているだけでは生き残ることが難しいでしょう。それよりは、これまでと違う未来を描いて発信することのほうが、顧客も、従業員も従いやすいのです。２０１２年の第二次安倍内閣発足後の時代を思い出してください。安倍晋三首相（当時）が提案したアベノミクスは、それまでの政府が描けなかった「経済再建による財政健全化」を成し遂げるビジョンを示し、インフレターゲットを定めた戦略に基づいて、大胆な金融緩和や法人税値下げのような戦術を駆使して成果を出してきました。注目すべきなのは、その成果が見え始める前、それも政策的に何かが実行されたわけではないただのビジョンを示した瞬間から、たちまち株価が上がっていったことです。安倍元首相が示したアベノミクスこそ、それまでと違った未来イメージだったのです。それを見せることができたことで、評価され、支持され、政治動向に敏感な証券業界が大きく動くことになりました。志を持ち、ビジョンを示し、戦略を語る、その一方で、新しい未来のイメージを発信することが、目標実現のための大きな力になるのです。

これはコンサルタント業界でも同じです。私は個人のコンサルタントとして、2年3ヵ月で売上1億円、3年で2億円を達成してきました。これは誰も想像していなかった未来像を語り、応援者・支援者・賛同者が集まり、未来像を確実に現実のものにしてきたからこそです。

このように極めて順風満帆にコンサルタントとして成長し、加納塾の塾生も業界で突き抜けた存在となる人が増えていったのですが、2020年3月に、初めての大きな壁にぶつかることになりました。新型コロナウィルスのパンデミックが世界規模で起きたのです。加納塾は店舗ビジネスの多店舗展開を重要な軸としていますから、塾生の多くはいわゆる箱モノビジネスを展開する経営者です。なかでも飲食店の経営者が約4割を占めており、同年6月の緊急事態宣言による時短営業、酒類の提供制限などが店舗経営に大きな打撃を与えました。

なかには売上が10分の1にまで落ち込む店舗も出てきて、経営者はたいへんな苦境に陥りました。

そのほかの塾生のビジネスも業種による差はあれ、コロナ禍は深刻な影響を与えました。これは想定外の出来事で、私自身も開催予定のセミナーや講座が軒並み中止または延期となり、新しいスケジュールも組みにくい状況になりました。

この原稿を書いている２０２１年10月現在も、東京などの3回に及ぶ緊急事態宣言の後のまん延防止重点措置がやっと解除されて明るさが少し戻ってきた段階で、コロナ禍の収束にはまだ遠い状況です。しかし、1年半以上に及ぶこの事態のなかでも、知恵をめぐらし、事業再生に動く経営者はたくさんいます。飲食店でもテイクアウトや宅配事業に注力し、なんとか持ちこたえようとしていますし、通販事業にチャレンジする会社も多くなりました。また私のセミナーなどもオンラインに切り替えて再開していますし、テレワークが可能な業界・職種ではデジタル化が進んでかえって働き方改革が推進しやすくなったとも聞きます。

ハリウッド映画ではハッピーエンドのストーリーをつくるときには結末よりも主人公にどんな試練をどれだけ与えるかをまず考えるのだそうです。試練が苦しいものであればあるほど、その先の幸せがより輝やいて、深い感動に導けるからでしょう。人生は映画とは違いますが、映画のような素晴らしいハッピーエンドが必ず先にあると考えたほうがトクなのは間違いありません。進化論を説いたチャールズ・ダーウィンは進化の基本である自然淘汰について「最も強い者が生き残るのではなく、最も賢い者が生き延びるのでもない。唯一生き残ることができるのは、変化に最もよく適応できる者である」という名言を残しています。適者生存の仕組みはビジネスの世界にも間違いなくあります。それも天地自然の理の表れなのでしょう。明るい未来のために今の試練があります。試練をも楽しみながら、コロナ禍のハッピーエンドが迎えられるようにしたいものです。

「名も金も地位も名誉もいらん」そんな男が厄介だ！

さて、話を戻しましょう。前出の西郷隆盛の言葉を思い出してください。孫正義ソフトバンク会長がその言葉を引いて「金も地位も名誉もいらん。そんな男が一番厄介だ。（しかし）そんな厄介な男でないと大事は成せない」と翻案して講演で語っています。ここでいう「大事」とは革命のことですね。明治維新は日本開闢《かいびゃく》以来といっていい、革命の時代でした。西郷隆盛はその時代に生き、多くの人に影響を与え、今でも尊敬する人が絶えない歴史上の偉人となりました。「厄介な男」というのは彼自身のことなのですね。若い頃は藩主に逆らい、やがては朝敵とされた長州を救うために薩長同盟を結び、仲が最悪だった土佐藩との盟約を結ぶなど、考えられないような政治手腕を見せ、最大の功績と讃えられる江戸城の無血開城を実現しました。その後は新政府で活躍もしながら、やがて不満を募らせ、結局は新政府軍との間で起こした西南戦争で敗れて切腹して果てました。その理想や、大胆な行動力、伝統的な武士としての生き方など、今でも熱烈に賛美する人が絶えません。おそらく孫会長も、自分を西郷隆盛に重ねて語っておられるのでしょう。私にも、お二人は重なって見えています。

そんな西郷隆盛が魅力的なのは、いつでも体を張り、命をかけて事に当たってきたところにあると思います。孫会長もネットバブルがはじけ、ソフトバンクの時価総額が20兆円から2000億円にまで下落した一番苦しいときに、ブロードバンド事業でＮＴＴに戦いを挑みました。口だけではなく、身銭を切って、日本のブロードバンドの夜明けに向かって投資しているのです。

私も規模は違うとはいえ、アプリ開発やプラットフォーム構築に、稼いだだけのお金を注ぎ込んでいます。地位や名誉は考えたこともありませんが、お金はいらん！　というところは実践していると思います。もちろん、未来ビジョンにはお金が必要ですから売上や儲けにも厳しくこだわっていますが、個人的に運用するお金にはほとんど興味はありません。

ちなみに、私が稼いだお金の一部は、加納塾とは別の、日本人のアイデンティティを取り戻すための「やまと塾」にも費やしています。これは精神面から日本の世直しをして、世界で最も尊敬される国にするための議論をする塾です。これから日本では確実に労働力が不足し、外国人労働者を多数受け入れることになります。そのとき、日本の経営者自身がバランスのとれた歴史観を学び、日本人としてのアイデンティティを堅持することが大事だと思います。日本の改革者たちの思想や考え方、あるいはリーダーシップのあり方も学ぶことができますから、会社経営者の皆さんにも必ずや参考になるものと思います。また、言語に関してても手当が必要です。これに関しては、マニュアルの多言語対応などが必要ですから、それに対する投資もしています。

このように、私自身が少なくとも「金はいらん」と西郷流の「厄介な」人間になろうとしています。世の中に同じような「厄介者」が増えれば増えるほど、日本の改革は、徐々にではなく、「一瞬で」実現するものだと考えています。

第3章

経営者の視点「原理原則を守り、時流適応する」

船井総研は、なぜコンサル会社で上場できたのか

皆さんはコンサルタント会社として世界で初めて株式上場を果たした会社をご存知でしょうか?

実は船井総合研究所（以下、船井総研）が世界初の上場会社なのです。成功するコンサルタントは一騎当千、単独でばりばり仕事をするのがそれまでの常識でした。船井総研も、当初は創業者である船井幸雄先生の個人的コンサルティング能力によって成長してきた会社でしたが、メジャーな株式市場にコンサルティング会社として上場するのは個人の力だけでは無理なことで、個人事業とはまったく異なる組織的な事業展開が必要です。個人事業の延長としてのコンサルティングから、組織として成功し、成長できて、株式上場まで果たせた理由は何なのでしょうか。

私は若い頃から船井幸雄先生の言葉や行動が好きでしたし、前職では同僚や先輩に船井総研OBが何人かいたこともあって、船井総研は身近に感じられる存在でしたから、組織として船井総研が成長できた理由に非常に興味がありました。

その理由を考えるうちに、私なりの結論として見えてきたのは、「**時流適応**」と「**経営の**

原理原則を堅持する」ことを徹底してやりきったからなのではないかということです。この2つのことをやりきったからこそ、1988年に大阪証券取引所第2部特別指定銘柄で株式上場を果たしましたし、その後は2004年に東京証券取引所第2部上場、2005年に東証、大証ともに第1部指定替えという、順調な発展を見せたのです。

「コンサルタント」職への無理解に憤慨

船井先生が会社の上場を決めたときのエピソードはとても印象的です。

それは1982年のことだったそうです。船井先生はある紳士と東京に向かう新幹線の中で出会いました。その人は経営やマーケティングの知識に長けていて、車内ではおおいに話題に花が咲いたようで、お互いに仲良くなり、それぞれのビジネスについての見識に敬意を払うようになったのですが、東京駅に着いたとき、船井先生が初めて名刺を出しました。その名刺を見て、紳士は表情を曇らせました。「コンサルタントは怪しい職業」だと彼は考えていたのです。「コンサルティング会社で上場した企業はない」、だから信用できないビジネスだと言うのです。その態度を見て、船井先生は内心腹をたてたに違いありません。「だったらコンサルティング会社として株式上場してやろう」。そのとき上場を決心したのだそうです。

しかし上場するには証券取引所が示す要件をクリアしなければなりません。当時の大証の担当者からは、「社長であるあなた自身が現場に入らず、現場従業員だけで相応の売上と利益を出す」ことが条件だと言われたそうです。船井先生は、その条件を呑み、自分自身は現場に口を出さず、従業員だけで仕事が回るように組織を変革していったのです。そのポイントは、「ルール化」「仕組み化」「コツ化」などと言われますが、つまりは船井先生が構築してきたコンサルティングの方法をはじめとする現場での仕事の方法を、他の従業員が理解できるように整理して表現していったのです。きわめて属人的なものだったコンサルティングスキルは、その行動によって組織に広がり、浸透していった結果、船井先生自身が現場にいなくても仕事が回り、お客さまが喜び、会社が発展する仕組みができました。

成功の3条件

コンサルタントとして成功するということは、お客さまである会社の業績を向上させることが目標ですが、実はどんな会社でもコンサルティングによって100%向上させることができるわけではありません。船井先生がコンサルティングを標準化して、誰がやっても業績を向上させるようにできた1つの秘訣は、**成功する可能性が高いクライアントだけを選んだ**ことが挙げられるでしょう。

どういうことかといえば、成功する条件を備えた経営者に対してだけ、コンサルティングを行うと決めたのです。その条件は資産を持っていることではありませんし、体力や知力が飛び抜けて優れている経営者でもありません。経営者自身が**素直・プラス発想・勉強好き**であることが条件でした。船井先生は、この３つの能力を持っている方は黙っていても成功が70％保証されることを、それが**天地自然の理**であることを発見したのです。

では、まず素直さがなぜ大切なのか見ていきましょう。素直さを持っている経営者はコンサルティングの内容をしっかり受け止め、実践できる能力を持っています。

素直さの意味

「素直さ」とは、誰であれ他人の言うことをそのまま受け入れることではありません。それでは騙されたり、相手の思惑に引っ張られてしまうかもしれません。船井先生が言う「素直さ」とは、虚心坦懐、ものごとを曇りのない目から眺めて、本当に心に響くものを受け入れることです。あまりに自分に自信を持ち過ぎて、人の言うことを聞けない人をしばしば見かけますが、それでは自分自身の過去の経験だけから未来を考えることしかできません。ビジネス界の先人たちの経験と叡智を無視するのでは、貴重な知見を自分のものにできるチャンスを最初から失ってしまいます。過去に成功経験が多い人は、ときには素直さを忘れてしまいがちです。「素直になろう」と決意するより、まず先に、自分の経験してきたことは、ビジネス界の先人たちがしてきたことに比べれば、非常に浅薄で貧弱なものだという自覚が必要かもしれません。

だからと言って、自分の経験を実際以上に矮小化して考えたほうがいいということではありません。これまでにしてきた成功経験や失敗経験はあなたの身に深く浸み込んだ財産です。「素直になる」ことは今までの経験で得てきたものを捨てるのではなく、今後の行動にどう生かせるかを、先人の導きに従って正しい筋道で考えることだと思います。もちろん先人の導きそのものがこれからの時代で正解かどうかはわかりません。しかし「自分の経験から、それは違うと思う」と頭から否定してかかると、何も得ることはできません。先人がしてきたことの中に、何か今の自分に役立つことが1つでもないか、自分のビジネスになぞらえて応用可能なものが何かないかと探ることが大事です。その結果、先人の行動に習うべきではないとはっきり結論が出せたなら、それはそれで大きな前進です。

ときには「成長に必要なことはわかったが、自分では実行できない」と思うこともあるでしょう。それなら実行できる人を探し、協力を仰げばよいのです。

「素直さ」とは、外部にアンテナを広げ、入ってくる情報を拒まずにいったんは受け入れ、自分自身で吟味して、利用できる情報を上手に活用しようとする態度のことです。これがないといくらコンサルタントが素晴らしい解決策を提示しても、理解してもらえず、問題が解決できません。

幕末の志士、坂本龍馬は「偏見を持つな。相手が幕臣であろうと乞食であろうと、教えを受けるべき人間なら俺は受けるわい」と言いました。これは、誰の言うことが正しいのかではなく、何が正しいのかを考える人間になる、つまり偏見を持たずに正しいと思った人の意見を聞くということだと私は解釈しています。また剣の道を極めた宮本武蔵の言葉として知られる「我以外皆我師」（吉川英治の著作『宮本武蔵』に登場）という言葉は「自分以外の誰もが自分の先生だ」という意味で、まさに名言だと思います。また「賢者は路傍の石からも学ぶ」という言葉もあります。学ぶ気持ちさえあれば、どんなものからも学べるという意味です。**素直を磨いていくと、どのようなものからも学ぶことができる**というわけです。

また、吉田松陰先生は「どんな過ちも犯さない人は、常に何事も為さない人である」と言っています。この言葉の裏には、過ちがないことではなく、過ちを改めることを重んじるべきだという意味があります。**自分の間違いを悔やむよりも、素直に認めて次に間違いを犯さないようにすることを考えよ、また間違いが引き起こした影響を回復するために何をすべきかを考えよ、**ということなのだと私は解釈しています。

素直さには、多くの先人が特別な意義を見出しているのです。ただし素直になることはそう簡単ではありません。松下幸之助先生は、素直な心を大事にした人でしたが、松下先生自身が「私は素直の初段を目指す」と宣言してから「今日私は素直の初段になった」と言った日まで、実に27年かかりました。囲碁の初心者が普通に囲碁を打っていたら、およそ1万回で初段くらいにはなれる、そのくらい繰り返してやっと初段にたどりつけるというわけです。素直の初段に到達するには松下先生で27年、一般的には30年といったところでしょうか。これは少し謙虚すぎる言い方に思うかもしれませんが、孔子は「論語」で「六十にして耳順う」と言いました。「60代になって初めて周りの人が言うことを素直に受け入れることができるようになった」ということです。それほど、素直になるためには時間が必要だということです。もっとも**素直になろうとするのは、この瞬間からでも可能**です。素直な心でものごとを偏見なく受け入れ、自分自身で判断して学ぶべきことを学びとる姿勢こそが大事なのです。

すべての人や出来事に感謝をする「プラス発想」

また、ビジネスをしていれば、必ず何かの困難に出くわします。その困難を乗り越える秘訣が「プラス発想」です。船井先生は、「現状肯定」と「感謝」こそがプラス発想をもたらすと言っています。現状肯定とは、たとえあなたが何かで失敗したとしても、現状は輝かしい未来に向かうための出発点だと考えることです。起きてしまったことは元に戻りませんから、そこでくよくよしていても何も始まりません。もし過去よりも現在の売上や利益が落ち込んでいるとしても、過去のことは過去のこととしてマイナスと考えず、現状をゼロ地点として、これから1でも2でもプラスになることを考えるしかないのです。

もしお客さまが半減してしまう事態が起きていたとして、それで諦めてしまってはさらにお客さまが減るばかりです。それなら、正しい反省をした上で、まだ半分のお客さまが残っていてくれることに感謝し、そのお客さまがどうしたら今以上に満足してくれるのかを徹底的に考えるべきです。満足したお客さまが増えていけば、やがて新しいお客さまを連れてきてくれるでしょう。船井先生は「起きたこと」はすべて「**必要・必然・そのタイミングがベスト**」なのだと言います。世間から失敗したと思われていたとしても、自分にとっては失敗も含めて過去の行動はすべて「必要・必然・そのタイミングがベスト」なのです。何かを変えなければ成長できないとき、失敗が何かを変えるきっかけになるでしょう。顔を上げ胸を張り、前を向いてワクワクしながら未来に向かって今できることを徹底的にやっていく、その出発点になるはずです。

こう考えると、世の中に悪いことは何もないことになりますね。船井先生は「**過去オール善**」だと言っています。悪いことなど起こらない、すべては成長の糧になるから「善」なのです。そう思えば、どんなことにでも、どんな人にでも、感謝の気持ちが持てます。感謝の心があれば、人は自分の中の最も善なる部分が表れてくると船井先生は言います。すべての物事や人に感謝し、現状をありのままに受け入れ、さらに幸せな未来に向けて何をすべきかを、ワクワクしながら考え、行動すること。それが「プラス発想」という言葉の意味です。

勉強好きは、アウトプットできる形で学んでいる

最後の条件は「勉強好きであること」です。これは知的な好奇心を常に持つことです。知らないことを知りたい、学びたいと思う心がなければ、コンサルティングをしても本質を身につけてもらうことができません。基本的にそうした知的欲求が強い人ほど、成長できる可能性が高いことは、言うまでもないでしょう。ただ、船井先生は、48時間ルール、72時間ルールという時間的な制限を課して勉強することを勧めています。何かを学んだとき、48時間以内に復習しなければ学びの全体の約80パーセントが忘れ去られ、72時間以内に何か少しでも学んだことを実践していなければ、さらに時間が経っても実践できないというのです。「勉強好きであること」はただ知的好奇心が強いというだけでなく、学んだらすぐに復習し、すぐに実践することができる人であること、という意味を含んでいます。また、学んだことを実践するばかりでなく、人に伝えたり、文章にしたりすることも推奨しています。実践するのはもちろんのこと、人に伝えるというアウトプットを前提にして勉強するほうが、ずっと

なのです。

効果が上がります。そうした行動を伴う学びを、積極的にできることが、成長の条件の1つ

船井総研がコンサルティングで成長してきた背後には、これら3条件を満たす経営者を選んで「ルール化」「仕組み化」「コツ化」を指南してきたことが挙げられるでしょう。

私自身も素直・プラス発想・勉強好きであろうと自分自身をいつも鼓舞し、実践してきたおかげで起業から2年3ヵ月で年商1億円を達成できたと思っています。加納塾の塾生の皆さんが入塾後にめざましい実績を上げるのも、加納塾というコミュニティに素直・プラス発想・勉強好きの人々が多いことによると思います。もともとそうだった人もいますが、多くの塾生はこのコミュニティに参加して私や他の塾生と触れ合うことでだんだん考え方や物事に対する基本的な態度が変わっていきます。コミュニティのベースに素直・プラス発想・勉強好きという要素が根付いているからです。

また、この3つのキーワードに加え、「体系化」「自然の摂理」「時流適応」「原理原則」という言葉にも私は感銘を受けました。なかでも「時流適応」と「原理原則」は非常に大事なキーワードです。次に詳しく解説します。

「潮の流れ」と「風向き」を読む

船井先生が言う「時流適応」は経営を成功させるための絶対条件です。時流を味方につけなければ成長はありません。それと同様のことを、ソフトバンクの孫正義会長も言っています。孫さんが2010年に始めたソフトバンクアカデミアは、ソフトバンクグループの将として孫さんの後継者を育成する目的に加え、「300年間成長し続ける企業になる」ために「AI群戦略」を打ち出して、それを担う経営者の発掘と育成を目指しています。このソフトバンクアカデミアの1期生であり、10年連続して孫さんから直接学ばれている石原潤一さんという男がいます。このAIをはじめとするテクノロジーの第一人者と私がコラボレーションして2018年から「帝王学マスタープレゼン養成塾」をスタートしています。この養成塾では具体的なプレゼンスキルだけでなく、ソフトバンクのような巨大企業の売上を10年で5倍、企業価値を5倍に高めるとしたら、どんな絵を描けるか、またどんな戦略でそれを現実のものにしていくのかを体系的に学べるようにしています。その講座では「経営者は潮の流れと風向きを読むことに経営者自身の時間とお金の80パーセントをつぎこむ」ことを強くお勧めしています。これは孫さんと、その経営理念や哲学を深く知る石原さんが常に言っていることです。

潮の流れや風向きを読むとは、これからどこに向かってどのような速さで社会が動いていくのかを見極めることです。会社の浮沈になぞらえると、どこに上昇気流があるのかを探し、スピードを伴って上へと飛び上がることができる場所を正確に突き止めることと言い換えてもいいでしょう。上昇気流に乗った事業は、極端に言えば誰がやってもうまくいきます。経営者がすべきことは、何よりも上昇気流が生じるところを探索することで、それさえできれば、労力やお金をほとんど使わずに成長することができます。その逆に経営者がやってはならないことは、旧来の事業をひたすら守り通すことを望み、変化への対応を怠ることです。自社の事業がすでに斜陽産業になろうとしているのに、二代目社長に家業をそのままの形で継いでもらいたいと思う創業社長は実際に多いのです。それでは事業成長は望めません。それよりは、上昇気流に乗れる可能性が高い新事業を立ち上げるほうが賢明です。経営者の高齢化に伴い、廃業してしまう中小企業が増加していますが、上昇気流を探り会社経営を立て直そうという気概を持つ二代目社長候補がいれば、それが息子や娘でなかったとしても、その人に会社のかじ取りを任せたほうがよいでしょう。事業の形は変わっても、会社としては継続することができます。

しかし、流行り廃りの激しい「ブーム」現象に乗り、遠からず失速するような事業に手を出すのはリスクが大きいのは言うまでもありません。どのトレンドが将来も継続的に続くのかを見極めることが大事です。現在、間違いなく将来的に発展していくトレンドは何かと言えば、事業のクラウド化、オンライン化、ＡＩ化であると思います。コンサルティング領域でもこれらのテクノロジーを取り入れていくことは欠かせません。加えて、最新テクノロジーを駆使しながら事業をスピーディに成長させ、経営を安定的に発展させていくノウハウを、広く知らしめていくことも重要です。気軽に受講できるセミナーなども大事ですが、本気で経営改革を目指すのであれば、高額ではあっても広がりと深みを兼ね備えた帝王学マスタープレゼン養成塾が、今こそ必要だと思っています。私自身も、ＡＩを活用したクラウドサービスがこれからの成長の鍵になると考え、具体的な行動を始めています。

二つの道――時流適応するか圧倒的一番を取るか

では時代のトレンドをどうつかめばいいのでしょうか。トレンドを自分でつくることができれば一番よいのは間違いありません。誰も発想できなかったビジネスでトレンドをつくってきたベンチャー企業はたくさんあります。しかしその背後には、失敗して日の目を見なかった会社や事業が山のようにあります。まったく新しい発想というものはそう簡単に生まれませんし、それを事業化するプロセスには並大抵でない苦労がつきまとい、高リスクであることは間違いありません。ですから、ほとんどの会社は自分でトレンドをつくることができません。そうなると他の誰かがつくったトレンドに乗ることを目指すのが最善です。

とはいえ、どれが将来的に継続するトレンドなのかを見極めることは、大枠ではできても具体的には難しいことです。また見極めたとしても、現実に会社を経営しながらそのトレンドに乗れるかどうかは慎重に検討しなければなりません。ときにはトレンドはわかっていてもすぐにそれに乗ることはできないこともあるはずです。そのときにはどうすればよいでしょうか。

私は、ある限られた領域であっても、他とは一線を画した圧倒的一番を目指すことが正解だと考えています。これを「**ナンバーワン戦略**」と言います。どの業界でも、現在は多くのビジネスモデルが林立しており、市場は、競争の激しいいわゆるレッドオーシャン化しているように見えます。しかし実はレッドオーシャンの中に、競争相手の少ないブルーオーシャンを発見することは無理ではありません。私の場合で言えば、飲食店や美容室の経営者に向けてのコンサルティングは大手から個人までたくさんの競争相手がいるレッドオーシャンと言える領域でした。そのなかでも店舗ビジネスに特化したサービスは競合がひしめき合う世界です。しかし当時、「多店舗展開」という視点でのコンサルティングは、フランチャイズ支援に比べて20分の1以下の市場規模でした。さらにそこから5店舗未満の多店舗化に絞ることで、そこでなら、私がナンバーワンになることができると考えました。そこで創業初年度にエッジを立たせられるのではないかと考えました。

そこで年間で約50回の多店舗化セミナーを開催し、まずは「多店舗化セミナー開催回数業界ナンバーワン」を名乗ることを目標にしました。また多店舗化養成塾を始めた頃、私の理想のお客さま像（ペルソナ）として年商1億〜2億円規模の会社の経営者を設定しました。年商5億円規模以上の会社向けのセミナーや講座は大手コンサルティングファームが握っているので、そのカバー領域から外れた規模の会社経営者をクライアントとしたのです。この規模の会社だと個別コンサルのコンサルティングフィーは月額10万円程度が上限かもしれませんが、集合研修なら数十万円を支払うことは、うまくいっている会社の経営者なら難しくないだろうと考えました。

人間がモノを買う動機は、欲望と、痛みを避けたい欲求です。私は多店舗化というジャンルで、その両方を満足させることを考えて仕事をしてきました。その結果、私にとっては思いどおりですが、傍目からは驚くような売上が上がるようになりました。ニッチなジャンルを狙い、ナンバーワン戦略を推し進めた成果だと思います。今後はＡＩ、ＡＲ（拡張現実）、ＶＲ（仮想現実）などの新しいテクノロジーを取り入れ、オンライン化を通じて、多店舗化というジャンルだけでなく、時代変化に適応可能な多角化経営という新しいトレンドをつくり出す側にシフトしていきたいと思っています。

「原理原則経営」とは人間特性の追求である

さて、先に述べた３つの条件を備えた経営者であれば、業種・業態・規模を問わず、成功できる可能性があります。船井総研はそうした経営者を選んでコンサルティングを行ったために業績を上げることができました。でもそれだけではありません。３条件を備えた経営者に対して船井先生は「原理原則経営」を推奨しました。

原理原則とは何でしょうか。船井先生は、「原理」とは、もともと世の中にある理、天地自然の理であると表現します。これは大自然の法則、宇宙の法則と言い換えてもよいでしょう。宇宙の誕生は１３８億年前、それを1年に換算すると、宇宙の誕生を1月1日とすれば、銀河系の誕生はそれから10日後、地球の誕生は8月31日、人類の誕生は12月31日20時48分、キリスト誕生はその日の23時59分56秒となります。それから今日まで、およそ4秒しか経過していないことになります。人生80年とか、１００年とかいっても宇宙から見れば一瞬。人類が誕生してから30秒、人の一生は0・1秒に過ぎません。その短い時間で、人間はビッグバンから現在までの宇宙の法則を探求してきました。「原理」とは人間が生まれる前から宇宙にあった法則です。それはこういうものであろう、と人間が発見したり検証したりしてきたものが言葉になったものが一般に言われる「原理」ですが、それは天地自然の理の一部に過ぎません。誰かが提唱したからそこに「原理」が生まれたのではなく、人間誕生前からあった原理の一部が言葉になっただけのことです。船井先生はよく「天地自然の理」や「ツキの原理」と言われましたが、それは言葉としてまだ明確に定義されていない部分も含めて、もともと宇宙に存在している原理や法則のことを指しているのだと思います。

一方の「原則」とは何でしょうか。これは上記のような天地自然の理に基づいて、一般化あるいは汎用化したルールのことです。船井先生は例えば「伸びる法則」「時流適応の法則」などという言葉でビジネスの汎用的なルールを説明していますが、これは天地自然の理を具体的なビジネスに即して、ビジネスの汎用的なルールを説明しています。船井先生流に解き明かしたものと言えると思います。船井流経営法の中で長年培われてきたものを、ルール化したのがこれらの原則です。

天地自然の理、宇宙の法則と言っても、弱肉強食の禽獣の世界のように殺伐とした世界をイメージしているわけではまったくありません。この世には人間が生まれ、自らものを考え、何かの使命感を持って生きる動物が生まれました。これも天地自然の理が生み出した必然です。

私が敬愛してやまない吉田松陰先生は「およそ生まれて人たらば、よろしく人の禽獣に異なる所以を知るべし」と言っています。また現代日本を代表する哲学者であり教育者でもある故・森信三先生は、自著の中で「われわれ人間にとって、人生の根本目標は、結局は人として生をこの世にうけたことの真の意義を自覚して、これを実現する以外にないと考える」と記しました。天地自然の理には、人間が何のために生まれてきたのかに深く思いをはせ、どんな行動をとるべきかを決めることも含まれています。それが「立志」です。森信三先生の言葉を借りると「自分の人生の意義をどこに見出すか、その覚悟を決めることを、『立志』と言います。古来、わが国の教育においては、この『立志』が最も重視されていた」となります。私はこうした過去の哲人の考察を踏まえ、人生の目的・目標とは何かといえば、けだものでなく人間として生まれてきたことの真の意義を深く考えたうえで、**自分の役割・使命・成すべきことを見出し、それを実現すること**だと確信しています。このこと以外、人生に意味はありません。西郷隆盛の「命もいらぬ、名もいらぬ、官位も金もいらぬというような人物でなければ、大業を成し遂げることはできない」という旨の言葉を思い出してください。そのように覚悟を決めることができるのは、天地自然の理に従って自分自身の使命を悟った人でなければなりません。

成功の3原則は人間特性の追求につながる

実はこのような考えが、先ほどの成功のための3つの条件の背後にあります。「素直」「プラス発想」「勉強好き」という特性は、言い換えれば「良心」「自己管理」「頭脳」です。これらは動物にはない、人間だけに与えられた特性です。これらを追及することを、船井先生は「人間特性の追及」と呼びました。素直になるというのは本能のままに行動するのではなく、赤子の心、純粋な魂で物事を捉えることであり、それが「良心」の本質だとします。

また、「プラス発想」はマイナスをプラスに解釈する能力です。人間がマイナス発想になりがちなのは、昔から災害や野生動物からの被害から身を守る生命維持のためにリスクのある行動を避けることが必要だったからなのですが、動物とは違い、マイナス発想をプラス発想に転換する能力が人間にはあります。その能力により、リスクを避けながら、自分の欲するように自然をコントロールすることができたからこそ、現在の文明があります。外部にある危険を知り、どのように自分が対応すればよいかを決めるのは自分自身です。つまり自己管理ができることがプラス発想を生みます。

また人間は学べば学ぶほど賢くなることは説明するまでもないでしょう。「勉強好き」であることも、人間だからこそできることです。頭脳を使うことは人間特性の重要な1つですね。優秀な経営者は、自分で考えない人にはとても厳しく対応する人が多いのが事実です。「君はしっかり考えたのか」と問い詰める場面によく出くわしたものです。

船井先生は「成功のための3条件を守ること、人間特性を追求すること、自然の摂理（天地自然の理）に従うこと」の3つさえできれば、ビジネスの成功は70パーセント保証されると言っています。船井先生以外の人が多くの成功法則を語っていますが、私はあまりいろいろな法則を取り入れて中途半端になるよりも、この3点だけにフォーカスするほうがうまくいくと考えています。

船井総研がなぜコンサルティング会社として初めて上場できるほどに成長できたのか、という初めの問いについて私流に答えを出すとすれば「原理原則を堅持して経営していたから」ということになります。

私のコンサルティングが世の中に受け入れられ、短期間に大きな業績を上げることができたのは、まさに原理原則を貫く意思を強く持っていたからなのだと思います。加納塾の塾生が素晴らしい業績を挙げているのも、意思決定のベースに原理原則を曲げないという確固とした信条を、加納塾を通して育んできたからこそだと思います。

ツキの原則は「長所伸展法」にある

船井先生はビジネスの成功の70パーセントは上述の3点を実行していれば保証されるとしましたが、それに「ツキ」が加われば、さらに25パーセントの保証が上乗せされると言っています。合計すると95パーセントの成功が保証されると言うのです。驚きですね。失敗する可能性は5パーセントしかないということの論理を少しひも解いていきましょう。

いったい「ツキ」とは何なのでしょうか。少しわかりにくいですが、松下幸之助先生の逸話から1つのわかりやすい意味を汲み取れるのではないかと思います。松下先生は入社希望者の面接のとき、「自分は運がよいと思いますか」と質問したのだそうです。そして「運が悪い」と答える人は学歴や能力が高い人でも採用しなかったといいます。松下先生は、人の経験したことには本来色がついておらず、それをどう捉えるかは人それぞれだと考えていました。その無色透明な経験に色をつけ、よい、悪いと捉えるのはその人自身です。運が悪いと考える人は、物事を否定的に捉えてしまう傾向がある、それは事業にとって適切ではないと考えたのですね。「運がいい」「ツキがある」と答える人はプラス発想ができる人、起こった出来事に対して感謝することができる人というわけです。

ただプラス発想だけであるなら、それは成功の3条件に含まれていますね。船井先生はそれに加えて運命的な「ツキ」があり、ツキを呼び込むための行動もあると言っているのです。「ツキ」というのもまだ明らかに言語化されていない天地自然の理の1つなのでしょう。船井先生は、天地自然の理に従うと「ツク」し、反すると「ツキ」がなくなると教えています。これこそ「ツキの原理」に基づいた船井流経営法の基本です。これは論理的には少しわかりにくいのかもしれませんが、感覚的に私たちがふだんから感じている「運勢の浮き沈み」として捉えると実感が湧いてくると思います。

例えばある経営者が業績を落としているとします。その人はツキから見放された状態です。そのときは、まずその会社にツキを呼び込まなければなりません。業績アップのためには、船井流ではすべてにおいてツキを呼び込むことが優先されます。なぜなら、業績がよいとき、あるいはツイているときの意思決定はすべて正しく、うまくいきますが、反対に業績の悪いときは、すべてうまくいかないからです。これは不思議なことですが、古今東西すべて成功者の方々は「ツキがあった」と言っています。1つうまくいき始めると、ものごとが次々にうまくいく流れができるのが事実のようです。といっても、ただ何もせずにツキが生まれるものでもないようです。初めは小さなことかもしれませんが、何かで成功することによって次の成功の基礎ができるのかもしれません。

ツキを呼び込むにはどうすればよいでしょう。私は、船井流教育の特長の1つである「長所伸展法」と呼ばれる方法が最も役に立つと考えています。会社の経営状態の評価でも、人物の評価でも同じですが、よいところを探すより、悪いところを探すほうが簡単です。また悪いところを直すとその部分は目に見えてよくなるでしょう。だからコンサルティングをするときには、どうしても問題発見とその解決という部分に力を入れてしまいがちです。しかしこのやり方では劇的な改善は期待できません。競合する他社や他の誰かに勝つための改善には、短所をなくすだけでは不十分です。

船井先生の凄いところは、短所を直すことよりも、何か他よりも優れたポイントを見つけ、それを今よりも磨き上げていくことに力を注いだところです。経営分析をすれば悪いところはいくらでも出てくるでしょう。それはそれとして、その会社なり人物なりの、他にはない強みを発見して伸ばしていくことができれば、特定領域でナンバーワンになることもできるはずです。またそうすることでツキを呼び込むことができます。

私自身はどうかというと、ツイている状態を常に意識してつくるようにしています。船井先生流の定義では、ビジネスでツイていると言えるのは、単品商品の売上でも、店舗の売上でも、また営業成績でも、110～120パーセント程度伸ばしている状態が5ヵ月続いているくらいの状態のことを言います。私は店長時代、役員時代、そしてコンサルタントとしてデビューした後も、それ以上の業績向上を目指して仕事してきました。すると、事業の伸びに応じて、お付き合いする人々が増えていき、世間的に言えばツイている経営者や業者、ビジネスパートナーとの交際が多くなってきたのです。するとさらにさまざまな業界の上流クラスの人々との交流が増え、仕事の幅は広がり、質的にも磨かれていき、さらなる業績アップにつながってきたと思っています。起業以来、私はずっとツイている状態を続けています。

ツキ始めたのは、私が「多店舗化」や「仕組みづくり」というキーワードを打ち出し、それに特化した活動を続けてきたからだと思います。これが私流の長所伸展法だったのです。活動を続けるうちに、不思議なことに、最善のタイミングでヒト、モノ、カネという経営資源が得られるようになったのです。

なぜそうなるのかと言えば、きっと多数の要因が複雑に絡み合っているのだと思いますが、おそらく人それぞれ、会社それぞれで異なるでしょう。ただ一般的に言えるのは、ツイている状態は確かにあるということです。そしてツキを呼び込むためには長所を伸ばしていくことが最も効果的だということは言えるでしょう。また、ツキを呼びこめた後にはツイている人との交流が広がります。そのなかでも特にツイている人との交際を深めることで、さらにツキが増してくることを実感しています。

同様の旨は船井先生も松下幸之助先生も言っていますし、イメージトレーニング分野で第一人者である西田文郎さんなど多数の人が自著で述べています。何よりも、社会的、経済的に成功した人や、健康に優れ友人関係がうまくいっている人は、おしなべて「ツキがあった」と自覚していることが、いわゆる「ツキの法則」を証明しているのではないかと思います。

まとめると、長所伸展法により、自分の長所や会社の長所を徹底的に伸ばしたり、売れている商品にますます注力して売上を伸ばしたりすることに集中し、110パーセント以上の成長を5ヵ月以上続けることがツキを呼び込みます。そしてツイている人との交流を深め、ツイていない人との交際は避けることで、ビジネス成功の可能性を25パーセント上乗せすることができるということになります。

大自然の法則、宇宙の法則に沿って経営する

天地自然の理に従うということは、先ほど述べたように大自然の法則や宇宙の法則というようなものに沿って行動するということですね。これら法則に従って行動していれば、ツキもよくなります。これについてもっと詳しく考えてみましょう。これには7つの法則があると考えています。

①エネルギーの法則

一般に、エネルギーが高い人と低い人がそばにいた場合、エネルギーが低い人は必ずエネルギーが高い人の影響を受けます。その逆はほとんどありません。

だから経営者自身のエネルギーが足りないと、従業員やパートナーに影響を与えることができません。影響を与えることができないと、どんな理想を掲げても、事を成すには至りません。事を成せないのはエネルギーが足りないからだというのがこの法則です。

エネルギーを生み出すことができるのは、自分が生まれてきた意義を考え、それに即した行動をとるという確固とした信念と、必ず使命を実現するためには何を犠牲にしてもかまわないという覚悟です。それが他人に対しての迫力を生み、魅力ともなります。上手にミッションの説明ができたり、従業員を説得できるということではなく、エネルギーが自分の内部で高まっていれば、相手の心に響くように自分の想いを伝えることができるようになるのです。

それに惹かれてあなたの周りには人が集まり、集まった人に、あなたのエネルギーは伝搬していきます。

これは逆もまた真で、エネルギーの高い人のそばにいれば、あなた自身もエネルギーを分けてもらえます。あなた自身がエネルギーの強い人の近くに意識的に身を置き、高まったエネルギー状態で従業員と接する。そうすれば、会社全体のエネルギーが高まり、大きな事を成し遂げることができます。

②磁石の法則

これは、多くのビジネス書や心理学の書籍でよく言われる「引き寄せの法則」という言葉とだいたい同じ意味です。私流にわかりやすく言えば、他人に対して自分の想いや価値感を発信できる人のもとに、人は惹かれて集まってくるということですね。経営者として理念型経営を貫いている人は、まるで磁石のように人を引き寄せ、同時にビジネスノウハウやアイディアも引き寄せています。誰かに物事の価値を伝えられる人は、よい人やモノを自然に引き寄せることができます。

③鏡の法則

自分の外側に起きている現象が自分を動かしている一方、自分の周囲に起きていることは自分の心が原因になっているという法則です。特に、自分の心の状態が外部に影響を及ぼすところにポイントがあります。周りの人々が笑顔でないとすれば、あなた自身が笑顔でないからです。自分の内面がうまくいっていれば、外部から見るあなたも魅力的に見えます。外部の現象はあなたの内面を映し出す鏡であると考え、自分自身を見つめ直すことで、周りに起きている困難や問題を解消することができるかもしれません。

④ステージの法則

第1章で説明したように、一瞬で事を成した人は、ハイレベルな人々のコミュニティへの参加権が与えられます。上位のステージの人々のネットワークに参加できれば、さらに上位のステージの人々との交流も生まれます。天地自然の理の中にもステージは厳然としてあり、どのステージで生きていくのかで付き合う人の数や質が異なります。

ステージが上がるというのは社会的なステータスが上がるという意味もありますが、本質的には自分自身の魂のレベルが上がることだと考えてよいでしょう。自分自身が成長していけば、魂のレベルが上がります。すると、そのレベルとあまりにもかけ離れた低いレベルの人は、向こうから自然に距離をとるようになるものです。一方でレベルの高い人との距離は縮まります。成長につれて付き合う人々のレベルが変わっていき、やがて自分が属するステージが上がったことが実感できるようになります。

⑤タイミングの法則

プラス発想の説明のところで述べたように、この世に起きることはすべて「必要・必然・

そのタイミングがベスト」なのです。だからこそ、すべて善だと考えることが成長の鍵です。失敗であれ、成功であれ、それはあなたを成長させるためのベストなタイミングで起きたもの、いわば天命です。どんなに悪い事、いやな事でも、それが起きたのは必然なのだと受け止めるところから、新たな成長が始まります。

⑥プロセスの法則

原因と結果は永遠に循環するメビウスの輪。結果が出るために時間差はありますが、正しいことをすれば正しい結果に結びつきます。結果が悪いのは天地自然の理に反するプロセスをとってしまったからです。正しいことをやっていて最後までうまくいかないことはありえません。

⑦バランスの法則

すべての世の中はバランスです。中庸を意識することが大事で、極端に偏らず、バランスを保つとうまくいきます。私流のバランス感覚では、特に本学と末学のバランスを重視しています。渋沢栄一先生なら論語と算盤のバランスでしょうか。また、知能の尺度ＩＱ(Intelligence Quotient)と対人関係能力の尺度ＥＱ(Emotional Intelligence Quotient)

のバランス、仕事力と人間力のバランスなど、世の中には最適バランスが必要なことがたくさんあります。偏りなくバランスをとることで目的を早期に成就させることができるというのがこの法則です。

少しかいつまんだ説明になりましたが、加納塾ではもっと詳しくビジネスに即した内容をお伝えしています。ひとまずエッセンスだけでもご理解いただければ幸いです。これらの7つの法則を理解して遵守すれば、人生がツイてきます。

松下幸之助、稲盛和夫が傾倒した石田梅岩

「原理原則」「時流適応」という概念から始まり、天地自然の理や宇宙の法則というところまで話が広がりましたが、ビジネスの世界でこのような心の中味や人間存在の意義に至るような深みのある考察ができるのには、やはり先人の尊い教えが根元にあります。松下幸之助先生や稲盛和夫先生、船井幸雄先生など経営者の手本となるような方々が、揃って現生の人間社会を飛び越えた宇宙や自然、その中にある原理や法則に想いをはせるというのも、実は江戸時代中期を生きた商人であり、哲学者であり、教育者であった石田梅岩という人の思想

を学んだことが大きかったのだと思います。本章の最後に少し石田梅岩先生について話をしたいと思います。

石田梅岩先生は、経済学者のマックス・ウェーバーの孫弟子にあたる米国の社会心理学者、ロバート・ニーリー・ベラー氏が、西洋以外で日本だけに資本主義が根付いた理由として梅岩先生の教えを体系化した「石門心学」があったからだと考察したことでも有名です。梅岩先生の著書では「都鄙問答」が有名ですが、そのなかには「真の商人は、先も立ち、我も立つことを思うなり」という言葉があります。自分だけがトクをすることを考えるのではなく、他人もトクをする、Ｗｉｎ－Ｗｉｎの関係をつくるのが商人の道だと言うのですね。これは現代のビジネス界でも盛んに言われていることではありませんか。

梅岩先生は、商人としての経験から「正直」「勤勉」「倹約」を旨とする「商人道」を提唱しました。これは同時に人間としてどう生きるか、人が人であるためにどう行動すればよいのかを追求する「人間道」でもあり、心の学問でもありました。梅岩先生は商売の心得を具体的な実例やたとえを使って説明しています。例えば「ある人が川に10銭を落とし、それを拾うために50銭のお金を出して人夫を雇った」というエピソードを使い、それは金額のプラスマイナスで考えたら落とした人の損のように見えますが、社会全体に40銭が余計に出回ることになったのだから社会の利益だというのが梅岩流です。梅岩先生の倹約とは、お金をなるべく出さないようにして無駄にためこむのではなく、公益のために出すべきときには出すという考え方なのですね。これは現代の経済にも通用するものです。梅岩先生は、このような話を用いながら、江戸時代中期に私塾を開き、塾生と一緒にテーマに沿って考え、議論しながら学ぶゼミナール形式の教育を実践し、身分や老若を問わずに「問答」による指導を行っていました。そうしながら、損得勘定というレベルをはるかに超えた経済の意義を明らかにして、それを支える道徳や哲学を体系化していったのです。

当時の社会は「武士道」が尊ばれる時代でしたが、それと同列のものとして「商人道」「人間道」を説いていたのです。その思想は、江戸期の人々に広く伝わり、明治維新後の資本主義を受け入れる下地となりました。

当時の中国などのアジア諸国にも西洋文明は入ってきましたが、日本以上に近代化に成功した国はありません。他のアジア諸国は、西洋文明を受け止めて発展させることができなかったのです。日本だけが成功できたのは、当時から日本の識字率が高く、倫理観も高かったことによります。黒船で日本に来たペリー提督は、実際に日本の民衆を見て、将来日本は技術力や近代化でアメリカのライバルになると予想しました。日本がそこまで他のアジア諸国と異なっていたのは、梅岩先生がいたからなのだろうと思います。

梅岩先生は「万物一体」という考え方をとり、天地自然の理に従った行動をとることが社会の利益になると教えました。それは人間はどう生きるのが正しいか、人間の本性は何かをひたすら考えることでもありました。

彼のもとで学んだ人たちは、道徳的な向上を遂げて、感情と行動に自信を持って、人間関係をなごやかにすることができました。その結果、理由は明確にはわからなかったかもしれませんが、商売は発展していったのです。

言い換えれば、梅岩先生は道徳と経済をつなごうとした人です。その思想や行動に感動した人はたくさんおられるでしょう。松下幸之助先生は、丁稚から仕事を始めて一代で巨大企業パナソニックをつくり上げましたが、梅岩先生の商人としての生き方に共感するところが大きかったのでしょう。「都鄙問答」は彼の座右の書となっていたそうです。また、松下先生創設の「ＰＨＰ研究所」も、梅岩先生の私塾に倣ったものなのだと言います。稲盛和夫先生も、たびたび梅岩先生の事績について講演や著書で触れています。

私は日本に梅岩先生がいたことを誇りに思い、現代ビジネスにも確実に通じるその思想に感銘を受けました。歴史的にもたいへん重要な人物であるにも関わらず、あまり世間に知られていないことが残念です。ぜひ、経営者としての成功を目指す方には、解説本もたくさん出ていますので、ご一読をお勧めいたします。

第4章

戦略ミスは戦術でカバーできない

世界最古の中国の兵法書「孫子の兵法」を学ぶ

ビジネスには戦略（ストラテジー）が必要とよく言われます。戦略という言葉と一緒に戦術（タクティクス）、作戦（オペレーション）などという言葉も用いられることも多いですが、その違いは何でしょうか。

戦略、戦術、作戦という言葉はもともとは軍事用語で、戦いに勝つために必要な要素のことですが、勝つことを目的達成と言い換えて、ビジネスや学術研究など広い領域で一般的に使われています。

「戦略」と「戦術」の違いとは？

「戦略」は戦いに勝つために、どこに兵力を集中させるのが最も効果的なのか、どのようなやり方で将来的に有利な状況をつくるのかを考えることです。言葉を換えると、リソースを最も効果的に活用して目的を達成するための、総合的で長期的な計画や手段のことを言います。戦争の場合なら相手を降伏させることが目的なのでしょうが、ビジネス領域では何でしょう。それは例えば「世界中の人を笑顔にする」とか「全従業員を幸せにする」とか、企業が何のために存在するのかという事業理念の達成にほかならないと思います。

そんな大きな事業理念を達成するためには、達成できるだけの力を持たなければなりません。力を持つためには事業が社会に認められ、求められるようでなければなりません。ですからどんな会社でも「成長戦略」が必要になります。その成長のために何が必要なのか、どのような状態になればよいのかを考えて、例えば「2年後に年間利益1億円を目指す戦略」や「5年後に株式上場を目指す戦略」などが立てられます。これは目的を達成するための一里塚のような「目標」でもありますね。ただし、目標達成のためにとれる行動は、いくつも考えられます。その中で最も速く目標達成できそうな行動に、ヒト、モノ、カネ、情報を注ぎ込んでいくのが常道です。利益拡大の前に売上拡大だと考えるなら「営業強化戦略」かもしれませんし、業務効率化によるムダのカットが重要だと考えるなら「販管コスト削減戦略」になるかもしれません。たいていは、いくつかの柱となる複数の戦略を同時に実行していきます。

その戦略を実行するために必要なのが「作戦」です。戦略によって利用できるリソースと手段は決められているので、それをどう使って何をやるかを決めていきます。

例えば新規顧客獲得戦略の場合には、①潜在顧客増加作戦、②顕在顧客増加作戦、③試用顧客増加作戦、④低額顧客増加作戦、⑤高額顧客増加作戦……というように、段階的に作戦を展開します。

どういうことなのかといえば、自分の商品・サービス・店舗などを知らない人に向けては、商圏内、あるいはターゲットとしたい属性の人々に知らしめること（①潜在顧客増加作戦）が必要です。

また、商品・サービス・店舗などの存在は知っていても利用・購入したことがない人に対しては、例えば無料サービスや割引クーポンを提供して、購買、利用意欲を高め、初回購入・利用を促します（②顕在顧客増加作戦）。

初回購入・利用を促すには、実際にお金を支払わなくても商品などを利用できる試用サービスが効果的です。無料でなくても、非常に低価格・低料金で、まずは使ってもらうことで顧客との関係性が生まれます（③試用顧客増加作戦）。

そして関係性が生まれた顧客に対して、当初は低額の、買いやすいものをお勧めしてリピーターを増やし（④低額顧客増加作戦）、だんだんと利益率が高くさらに価値の高い高額商品の購入へといざないます（⑤高額顧客増加作戦）。

こうした作戦を効果的に順序立てて実行することで、売りたいものを買ってもらえる新規顧客が獲得でき、高額商品や高額サービスでもリピート利用が促せます。このように、戦略に沿って考えればさまざまな作戦が立案できます。

「戦術」は、作戦の目的をどのような個別的・具体的行動で実現するかを考えることです。「新規顧客獲得戦略」なら、例えばマス広告に連動したプレゼント企画やウェブアンケート企画など、各種の手段を考え、それぞれの手段でどの程度の効果があれば成功とするかの判断基準を決めます。さらに誰が実行するのか担当者を決め、与えられた人員で不十分なら、予算内でどの程度外部に委託するのかなども決めることになります。

まとめると、「戦略」は事業理念＝会社の目的や使命に従って定めた目標を達成するための、長期的・総合的な行動計画のことです。「作戦」は戦略を達成するために実現すべきこと、「戦術」は作戦を実行するための個別的・具体的な計画や方法のことを言います。作戦については戦術に含まれるという考え方もできます。

私は戦略を立てるためには「成果を出すために何をするのか、何を捨てれば効率的なのか」を考えるとともに、「部分的な視点ではなく、全体像で考え、何をすればいいのか、それによって何を成すべきかを、企業の進むべき方向から考える」ことが重要だと考えています。また、戦術の立案には「成果を最大化させるために、今までのやり方や手法を改善して効率化を図っていく」ことが大事だと思います。

孫子の兵法の本質は人間心理の理解

こうした戦略・作戦・戦術という考え方の基礎として、多くの成功した経営者が参考にしている戦略論として有名なのが、およそ2500年前に中国の孫武が唱えたとされる「孫子の兵法」です。あまりに古いようですが、日本の戦国時代の武将である武田信玄、18世紀末から19世紀初めにヨーロッパで覇権を握ったナポレオン・ボナパルトも座右の書にしていたと言います。現代では、ソニーの創業者の1人である盛田昭夫元会長、マイクロソフトのビル・ゲイツ元CEO、ソフトバンクの孫正義会長など、錚々たる経済人がみずからのマネジメントに孫氏の兵法をフル活用しています。これには現代にも立派に通用し、将来にも生かせる、汎用的な内容が記されているからです。

中国の春秋時代にはまだ、天運を占い、占いの結果で戦を行う運命論的な軍事行動がとられていましたが、孫武は勝つためには人間による戦略的な行動こそが重要だという理論を打ち立てたのです。その理論はやがて体系化され、日本や世界の多くの国々で実践的に活用されるようになりました。戦争の形態や兵器が大きく変遷していく中で、兵法書としての価値は失われていきましたが、そのエッセンスである戦略論は逆にさらに磨かれ、人の心理を経営に生かす理論として現代の経営者にも圧倒的に支持されています。

どうしてそこまでもてはやされているかと言えば、そこに人間心理の本質があるからだと思います。私なりに孫子の兵法の本質をまとめると、次の７つになると思っています。

・闘わずして勝つ
・勝敗には合理的理由がある
・すべての勝負は騙し合い（心理戦）
・戦略なくして勝利なし
・人間を知る
・裏の裏をかく
・先知こそ勝利

１つめの「闘わずして勝つ」はあまりにも有名ですね。孫氏の兵法では、戦闘で相手を屈服させるより、戦う前に降伏させることが上策だと説いています。「戦わずして人の兵を屈するは善の善なるものなり」という一節です。それができなければ、次に戦闘を行って相手を屈服させるのが次善の策だと言っています。また、勝敗には、占いや、「たまたま運が良かった」というような根拠の薄弱な理由ではなく、合理的な理由が必ずあるということも、2500年前に言っているのですね。もしあなたに勝てるだけの合理的な理由があり、相手がそれを知り、同じように合理的に考えるとしたら、あなたにあえて挑戦することはしないでしょう。そうすれば、お互いに損失はありません。勝てる理由のあるほうが優位に立ち、そうでないほうは、他に活路を見出すのか、下位の立場に甘んじるか、どちらにせよ、将来的な事業の方向性を考え直さなければなりません。

上記には騙し合いや裏の裏をかくことまで抜き出しましたが、それも心理戦の一面です。相手の心理を読み、戦略を練り、できれば闘わずに相手に競争を諦めさせることを目指すのが孫子の兵法の要の部分です。相手の人間心理を考えて、先に手を打つことが勝利につながります。これら7つの本質部分を意識して競争に臨むことが勝つための要素になります。

孫子の兵法 × ランチェスター戦略＝孫の二乗の兵法

一方、現代の孫子の兵法とも呼ばれる経営法則もあります。第一次世界大戦時にイギリスの航空工学研究者であるランチェスターが唱えた「ランチェスター法則」です。兵力数と武器の性能が戦闘力を決定づけるという、戦闘での勝ち方を科学的に法則化したもので、後に、特に成熟した市場で競争優位に立つ経営・販売理論として広がり、「ランチェスター戦略」

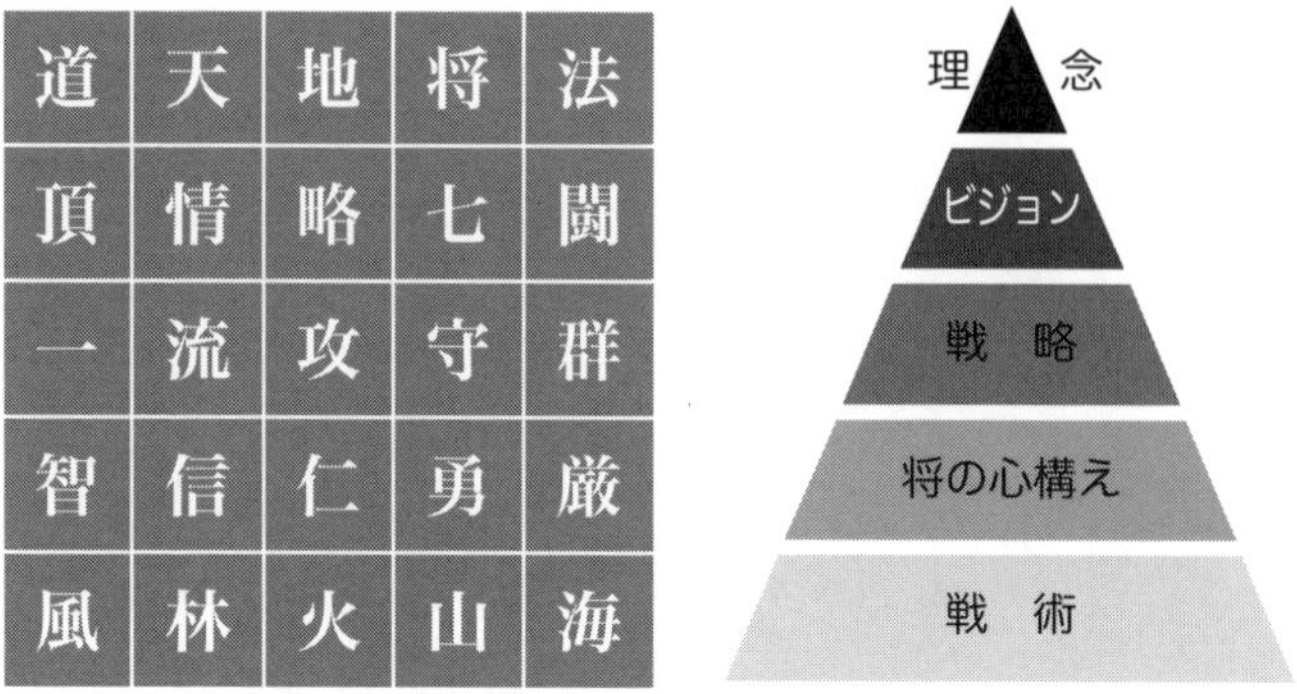

図1　孫の二乗の兵法の図解

としてやはり数多くの経営者の指針として採用されました。

孫子の兵法とランチェスター戦略は、ともに現在のビジネスにも非常に有効だと考えられており、孫正義ソフトバンク会長は、この2つの理論を取り入れ、ご自身で解釈された「孫の二乗の兵法」を経営指針とされています。

「道天地将法」から新規事業、戦略を見直す

孫の二乗の兵法は、図のように、5列5行の漢字で表現されます。それぞれの行の文字に意味があり、ビジネスのさまざまな局面で意思決定に迫られるとき、この文字を実際のビジネスにあてはめて考えると成功に近づけるというのです。それぞれの行は、次のように、経営者やリーダーが意思決定すべきことに関連し

ています。

1行めの道・天・地・将・法は「理念」
2行めの頂・情・略・七・闘は「ビジョン」
3行めの一・流・攻・守・群は「戦略」
4行めの智・信・仁・勇・厳は「将の心構え」
5行めの風・林・火・山・海は「戦術」

ビジネスの目的から具体的戦術に至るまでの意思決定のコツを伝授してくれているのですが、たいへんボリュームのある内容です。本書ではすべて解説することはできませんが、それぞれの意思決定ステージで重要だと孫会長が考えていることがまとめられています。孫会長自身の解説本もありますから、ご一読をお勧めします。

私がここで言いたいのは、孫子の兵法やランチェスター戦略を学び、経営に取り入れて成功された孫正義さんの経営理論のエッセンスがこの図にあり、それはどんなビジネスでも汎用的な指針となりうるということです。

言葉を換えれば、コンサルタントとしての思考のフレームワークとして使えるのです。クライアントの経営分析をする際にも、このフレームワークにのっとり、順序立てて分析していくとクライアントの課題や改善ポイントが鮮明に見えてきます。

ここで、皆さんに是非知っていただきたいのは、孫子の兵法から直接とられている1行めの「道・天・地・将・法」です。理念のない会社には将来がありません。理念に外れる経営をすると必ず失敗します。これについてのみ、少し私なりに解説したいと思います。

「道」とは企業としてどうあるべきかという理念を立てることです。これにはまず経営者がどう生きるかを深く考えることが必要だと思います。私がいつも言う「生まれてきた意味」を考え、使命を知り、それを言葉で表明しなければなりません。理念は、いわば将をまとめる錦の御旗ですね。事業を行うときには人が感動・共鳴してくれる理念がなければなりません。例えば孫会長は「情報革命で人々を幸せに」や「史上最大のパラダイムシフト」などの言葉を使い、集団を魅了してワクワクさせてくれました。そんな共感を生むような理念や企業の使命を、印象的にわかりやすく語り、共鳴者、協力者を増やしていくのは経営者として最も大切な行動だと思います。「ミッション」「バリュー」「志」と言い換えることもできるでしょう。

「天」とは、昔の戦いであれば天候、気温、雲の状態、日差しの状態、風の状態などのことを指していたのでしょうが、ビジネスになぞらえれば会社の内部組織の状態と外部環境の状態のことと考えればよいでしょう。前章で「時流適応」というキーワードを挙げましたが、打って出るためのタイミングは重要です。今が「天の時」だと思えば、大胆に戦略を実行すべきであり、まだ内外の環境が整っていないと思えば、雌伏の時期だと思って我慢するべきでしょう。これについては後述します。

「地」とは、地の利が活かせる陣どりのことです。守るに易く、攻めるに険しい陣取りは戦いを有利に進めるポイントになります。会社の組織を強くし、外部の環境が整ったとき、成長のための地歩が固まります。これについても後述します。

「将」とは経営者のリーダーシップのことです。ビジョンをつくり出すことができるビジョナリー・リーダーシップが肝心であるとともに、同じ目的や価値観を持った人たち（そのグループを、成功哲学の提唱者の一人、ナポレオン・ヒルは「マスターマインド」と呼んでいます）とのネットワークがあることも重要です。会社の中には同志的結合ができる仲間が必要ですし、会社の外部にもマスターマインドがあったほうがよいのです。孫会長は、「優れた将を最低でも10人、場合によっては腕の一本、足の一本、場合によっては命すらもいらないというくらいの志を共有するそういう将を、どれだけ部下に持てるかが、大将の器」という旨を講演で語っています。

「法」とは、事業構造、収益構造、ビジネスモデルのことを指します。これを「規律」と考える人もありますが、むしろ私はプラットフォームやエコシステムといった収益を生み出す仕組みのことと解釈しています。顧客と初めて接触してから関係が継続する間の収益を顧客生涯価値（LTV＝ライフタイムバリュー）と言いますが、その最大化を意識し、関係を途切らせず、相手がトクをし、こちらもトクをする関係をできるだけ長く続けることが大事です。それにはやはり仕組み化が大切です。他社よりも優れた収益を上げる仕組みがあれば、多くの労力と時間を費やさず、目的に近づくことができます。

これら５つのポイントで自分の会社とライバル会社を比較してみましょう。相手よりも優れている部分が多ければ戦いに勝てる可能性が高くなります。少なければ負けます。もちろんビジョンや戦略、人材、戦術も大事ですが、それらはいわば「末学」に属するものです。自分自身や会社が社会にどんな貢献ができるのかを学ぶ「本学」がしっかりしていなければ、長期的で全体的な戦略を誤ります。もしそれが不十分なら、「本学」を学び、消化する努力をするのが勝つための秘訣です。負ける可能性が高い戦いは最初からしないのが上策です。

「道・天・地・将・法」の多くに優れていれば、それを知った相手は戦いを挑むことはしません。相手に競合を諦めさせることができれば「勝ち」です。また、不利な場合はあえて競わない決断も一方では重要ですね。機が熟さないうちに強い相手と同じ土俵で戦ってしまうと、最初は頑張って対抗できても長期的には疲弊して破れてしまいます。

天の時――ビジネスはタイミング

「道・天・地・将・法」のなかでも「天」は常に意識していなければいけません。私は「タイミング戦略」と呼ぶこともありますが、ものごとを成すのに最適なタイミングを見極めることが、成功の大きな条件になります。「時流適応」を常に心がけることが大事、すべてのビジネスはタイミングが命です。それがどういうことなのかは、一度、あなたのビジネスを振り返ってみると合点がいくのではないでしょうか。もし過去にタイムワープできるとして、どの時点に戻れたら、今のビジネスがもっとうまくいったと思いますか？

おそらく市場に今のビジネスのトレンドが生まれる直前に、今のノウハウや知識を持っていたら、必ず現状の数倍以上の発展ができていたと思われるのではないでしょうか。新事業をその時期に始めていたらよかった、というのは後になってから気づきます。しかしほかの誰かはその時点でトレンドを創り始めていました。そのような先見性を持っていた会社が事業を発展させ、フォロワー企業を増やしてトレンドが形づくられてきたのです。でも、早ければよいというものでもありませんね。社会が事業の先進性について来なかったら、事業発展はなく、トレンドができる前に中止することになるでしょう。ビジネスには、ジャストなベストタイミングがあるのです。それが「天の時」です。その時が来るまで組織体制をつくり上げ、準備万端整えて準備したうえで、外部環境が整うまで待ち、ベストタイミングを見極めて事業をスタートすることをいつも意識して、会社の内部と外部環境を常時モニターすることが大事です。

地の利――事業ドメイン

「天の時」が見極められたとしても、「地の利」がなければ成功可能性は高くありません。地の利とは、自社の強みを最大に発揮できる場のことです。どこでビジネスを行うかにより、結果は大きく変わります。店舗で言えば、地方でやるのか首都圏でやるのか、最も成功できる可能性が高いところでビジネスを展開するのが常道です。自社が一番強みを発揮できる場を発見し、そこに力を集中することが重要なのです。

絶対的に他社よりも優れた強みを持っていればあまり「地の利」を考えなくてもよいかもしれませんが、最先端の特許技術や特殊な生産技術などの絶対的な強みがある会社はごく少数です。たいていは競争相手に対して相対的に有利な特長を、より多く備えていることが強みになります。絶対的に有利でなくとも、他社よりも少し優れた商品やサービスが提供できれば、競争相手が少ないところではナンバーワンになることが難しくありません。競争相手が少ない商圏や事業ドメインでは、少しの差でも大きな結果になって表れます。競争相手が少なければ少ないほど、ナンバーワンになれる可能性が高くなります。

「地の利」とは、そうした競争優位に立てる場所のことです。先にその場所を探しあてた人が、その後の競争を有利に進めることができます。店舗ビジネスの場合は、字義どおり事業を展開する地理的エリアのことだと解釈してもかまいません。日本ではどこに店舗を出すかは自分で選べます。自由な選択ができるということは、できる限り集客が多く見込める地域や、高額商品が好まれる地域、競合他社がいない地域など、ほかにはない有利な条件を備えたところへの出店が「地の利」を得ることになります。

例えばラーメン業界で屈指の業績を上げている博多一風堂の河原茂美社長は、すでに国内では飽和状態にあり新規の出店が難しくなった現在こそ、新しい事業にふさわしい「天のタイミング」だと言っています。実は河原社長はいま、東南アジアへの進出に注力しているのです。東南アジアは人口爆発が起きており、これから国民の所得が上がり、かつての日本のような高度成長期を迎えます。その時こそ、その「地の利」を生かした事業展開を行うタイミングとなる、つまり「天の時」が来ていると言うのです。稀代の経営者と言われる河原社長であればこそ、「天の時」と「地の利」を鋭敏に捉えているのだと思います。

ですが、「地の利」は必ずしも地理上のエリアのメリットという意味ばかりではありません。私は現在の「地の利」とは、地域や国の壁を超えて広がるサイバー空間と、事業ドメインを含めて考えるべきだと思います。サイバー空間とはＥコマースやモバイルサービス、クラウドサービスを使った商取引の場にとどまらず、基本的に無償のソーシャルサービス、ブログ、ホームページ、学習コンテンツやＥラーニングシステムなども含んだ、インターネットを利用して人や組織が関係を持つすべての仮想空間のことです。サイバー空間は国や地域を越えて広がっており、リアルな社屋や店舗よりも巨大なビジネスの場となっています。これを見逃してはいけません。

また、「地の利」をつかむということは、一面では陣取り合戦です。事業ドメインの面から考えると、たいていの業種では大手企業をはじめとする強いライバルがすでに地を固めていますから、容易に奪い取ることができません。すでに誰かに取られている地を奪うよりは、ニッチで小さい市場であっても、競争相手が少ない、あるいはいない事業ドメインを見つけ、そこにリソースを集中することが成功につながります。そんな事業ドメインを見つけるのは難しいかもしれませんが不可能ではありません。例えば私の事業が属しているのは広い意味ではコンサルタント業であり、既存の専門会社や個人、あるいは少し事業が重複する士業などの事務所や会社がひしめく事業ドメインです。でも私はその一角に、多店舗展開という競争相手の少ない事業ドメインを発見しました。これは既存の中心的な事業ドメインとは少しずれています。そこに向けて集中的に講座ビジネスに取り組んだ結果、思い通りの事業発展ができ、人とのつながりが生まれ、さらに事業を拡大していく勢いが生まれました。その勢いに乗って、オンラインでのEラーニングサービスをはじめ、サイバー空間を利用したプラットフォーム構想も具体化に向かうようになりました。これにより、自分自身の目的に近づこうとしているところです。

特に事業ドメインで「地の利」を得ようとするときには、時流適応、タイミング戦略が重要です。現在で言えば、AIスピーカーや画像・映像認識などのAIテクノロジー、VR（バーチャルリアリティ、仮想現実）、AR（オーグメンテッドリアリティ、拡張現実）、映像や音声を活用した教育サービスなどがトレンドになっています。また私のような団塊ジュニア世代が現在の消費動向を左右していますが、やがてその世代が50代にさしかかります。マーケティングのターゲットは、おそらく収入のある高齢者層にシフトしていくのではないかと思います。テクノロジーだけでなく、人口動態にも留意して、外部環境の変化に注意していなければなりません。

まとめると、これから「地の利」をつかもうと思ったら、「実際のエリア」「サイバー空間」「事業ドメイン」の3つの「地の利」を考えること。これを是非、心にとめてください。

「天の時」「地の利」を説明しましたが、孫正義さんはこれに「人の和」を加えた３つの条件があれば、勝負に勝てるとも言っています。「人の和」とは、私がよく言う「同志的結合」のことと考えてください。目的に向かって従業員が気持ちを1つにまとめて、それぞれがやるべきことをやる。そのようにみんなが1つの方向を向いて自分なりに考えて行動する。それが同志的結合であり、「人の和」の本質だと思います。そのような環境をつくるために、企業理念は大事です。同じ錦の御旗のもとに、心を合わせることができる環境をつくることが、会社を強くします。

孫の二乗の兵法の全体像を学ぶのは意義あることですが、難しい部分もあります。ひとまず「天の時・地の利・人の和」が成功の絶対条件だということを心に刻んで、事にあたっていただきたいと思います。

事業拡大で一番必要なのは「どう利益を増やすか？」

さて、事業を拡大するための具体的な課題として最も重要なことは何でしょうか。

私は利益率を上げることだと考えます。利益率を上げ、キャッシュフローを現在よりも改善し、自分の手元にどんどん資金が積み上がっていくようにしないと、業種によってはすぐに事業の維持もできなくなってしまいます。前述した一石五鳥戦略によって、一瞬でこれまでの数倍の利益を上げるような計画を、行動の前につくっておく必要があります。

会社経営は、「顧客数」「顧客単価」「残存期間」「顧客獲得コスト」「顧客維持コスト」の5つの数字の足し算・引き算・掛け算・割り算で成り立っています。その計算結果を黒字にしていき、黒字が大きくなるようにそれぞれの数字を調整して利益を最大化することが、利益率を向上するということの意味です。つまり次のような5つの要素を考え合わせなくてはなりません。

①「顧客数」を多くする。
②「顧客単価」(生涯顧客単価)を上げる。
③顧客の「残存期間(顧客でいてくれる期間)」を長くする。
④「顧客獲得コスト」を下げる。
⑤「顧客維持コスト」を下げる。

この5つを意識して事業を経営することが大切です。

まず①の顧客数を多くすることは利益を上げるために当然のことですね。言葉を換えると、新規のお客さまを絶えず獲得し、既存のお客さまを逃さないことが必要です。そのためには、企業や事業を広く認知してもらい、興味・関心を持ってもらわなければなりません。そこで、どうすれば認知拡大ができ、利用してみたいと思ってもらえるかを考えることが肝心です。まず最初に、現在のお客さまがあなたのビジネスを認知した経路（チャネル）を知ることから始め、その認知ルートをこれから強化していくのか、別のルートを開拓するのかを判断しなければなりません。

もしマス対象の広告から入ってくるお客さまが多ければ、広告をさらに多くする選択になるかもしれません。しかしマス対象の広告は費用がかさみがちで、しかも認知から購入、契約に至る割合はそう大きくはなりません。それならウェブのターゲティング広告を利用して興味・関心が高いと思われる層に対してインターネット広告配信を行う手法を選んだほうがよいかもしれません。またマス広告に加えた店頭でのキャンペーンが有効なら、店頭キャンペーンに投資を集中することも考えられます。コンサルティング事業なら、ウェブでの情報提供コンテンツの充実や、コンテンツに連動したキャンペーンやターゲティング広告、メルマガ配信などが有効ですね。こうしたさまざまな手法を使い分けながら、お客さまを増やす努力が必要です。

次に②の「顧客単価」については、稲盛和夫先生の「値決めは経営である」という名言があります。値決め＝価格設定は、薄利多売から厚利小売までどのように設定してもよいですが、**売る量×利幅の上限をどのレベルにするのかは経営の本質にかかわる**という意味です。

利益を少なくして大量に売るのはお客さまを増やすには有効ですが、長く購入してくれる価値が高いものや希少なものを提供してお客さまの満足度を上げてお得意さまになってもらったほうが経営は安定します。特に大量に商品を再生産できる業種ではないサービス業や店舗ビジネスなどでは、利幅を大きくとれるように高額な商品を売るのが得策です。しかし最初から高額商品を勧めてもお客さまは買ってくれません。まずは買いやすく、たくさんのお客さまに「買ってよかった」と思われる良質な商品で信頼を得ることが大切です。そして信頼が生まれた後に、さらに大きくお客さま満足度を上げるような、高額ではあっても価値が高い商品販売につなげていくように持っていくことを心がける必要があります。

ですから短期的に大きな儲けを追求しすぎず、だんだんに顧客との関係を深めて、長期的に大きな利益を得ることを考えるべきです。企業が1人または1社の顧客との関係を続けるライフサイクルを長くし、またそのライフサイクル全体で、顧客の購買額を上げていけばそれができます。その尺度として**顧客生涯価値**という考え方があります。これは顧客獲得・維持コストと顧客の購買額との差額のことです。差額がプラスになればなるほど企業の利益＝得られる価値が上がります。強引な商法で高額商品を売ると、一時的には大儲けできるかもしれませんが、二度目はありません。長期にわたって売る側と買う側がお互いにより幸せを感じられるビジネスをつくり上げていかなければなりません。それを追求していれば、自然に顧客生涯価値は上がります。だからこそ、「値決めは経営」なのです。

こう考えれば③の顧客の「残存期間」を長くすることの大切さはおわかりかと思います。一度獲得したお客さまを逃さないよう、一度購入やサービス利用をしたお客さまのリピート購入・利用を促進し、また自社ブランドの別商品も購入・利用してもらえる策を、繰り返し打っていく必要があります。そのような策により、できるだけお客さまでいてもらえる期間（顧客の残存期間）を長くすればするほど、顧客生涯価値が上がり、利益は上がっていく道理です。**優れた経営者は、顧客残存期間を個人の生涯に限らず、３世代先の孫世代まで続けることを考えています。**短くても50年、長ければ１００年先を見て経営している会社が発展してきました。

このような期間を通して顧客生涯価値を高めていくときに意識するのが④の「顧客獲得コスト」の低減と、⑤の「顧客維持コスト」の低減です。

この両方のコスト低減のためにどのような手段を使うにしても、外部のメディアや広告業者、メール代行業者などに業務委託することになりますから、相応の費用がかかります。マス広告で１００万円使って、１００万円の利益増加しかないなら無意味です。短期的な売上目標確保のためにキャンペーンなどの施策は有効ですが、その場合の利益も獲得コストを差し引いて考えなければなりません。コンサルティング事業では格安の集団セミナーなどで集客することができますが、それだけで大きな利益を得ることは一般的に難しいものです。キャンペーンなどの集客目的の施策を行う場合、その効果は「利益／コスト×100（パーセント）」で測ることができます（ROIと言います）。できるだけROIが高くなるように手段を考える必要があります。

顧客獲得・顧客維持のためにROIの高い施策をとって、顧客獲得コストを下げながら多くのお客さまを獲得し、しかも顧客維持コストも下げながら顧客残存期間を長くして顧客生涯価値を大きくしていくという、難しいオペレーションが必要です。

どのようにこれを行うかは業種・業態によりいろいろでしょう。コンサルティング業界での例で言えば、セミナーなどの参加の敷居が低いイベントで多くの人を集め、集まった人に高額セミナーや講座などを紹介していく手段がとられることが多いようです。そのような集客方法では、一般に利益の15パーセント程度を顧客獲得のために費やしているようです。しかし私の場合の顧客獲得コストは、利益総額のおよそ3〜4パーセント程度です。なぜそれほどコストが低いのかと言えば、多店舗化セミナーや講座に集まった人に、ほかの講座の受講をお勧めして、多くの人が複数の講座を受講してくれるからです。入り込みやすい入口を用意し、だんだんとさらに詳しい講座や別の視点からの知識を得られる講座へと導いていく導線があるから新規のお客さまが増えるとともに、一度来ていただいたお客さまと長くお付き合いができるようになっているのです。

また、私の各種養成講座は再受講を無料にしていることも顧客維持コストの低減につながっています。再受講がフリーであることと引き換えに、会場の設営にご協力いただいたり、新規参加者からの質問や相談の受付などをお願いしたりと、こちら側の一員という立場で、あまり負担にはならないように何かの働きをしていただいています。それにより、既存のお客さまはより理解が深まりますし、既存および新規のお客さまとの同志的なつながりができやすくなります。そうすると、口コミや、ウェブサイト、ＳＮＳ、メルマガなどを援用して、新規顧客獲得、既存顧客維持の両面でコストが低くて効果的な、さまざまな施策が行えるようになりました。加納塾で特に顕著なのは、塾生などの口コミや知り合いの紹介によって新規のお客さまが増えていることです。養成塾申し込みの67・7パーセントがそうした口コミが認知経路になっています。フェイスブック広告が24・2パーセント、メルマガが7・1パーセントという実績です。口コミにはまったくコストがかかりません。しかもそうして養成塾を受講した人の62・9パーセントが私の他の養成講座などを申し込まれています。良質な内容の講座を提供していれば、また初めての人が入り込みやすく、入った後に次々と別の商品の魅力に気づくような仕組みをつくり、また受講生の方々が成功された実績がどんどん生まれていることにより、加納塾は非常に低コストな顧客獲得・維持ができています。

このように、新規顧客獲得策とともに、新規顧客をおなじみ様、リピーター、協力者、同志的結合ができるパートナーというように、徐々に育成していく取り組みを継続的に実行していくことが肝心なところだと思います。

シナジー効果とスケーラビリティで売上を伸ばす

さて、近年世界規模で最も成長している会社としてGAFA（Google、Apple、Facebook、Amazon）が話題にのぼることが多いですね。これらの企業はすべて、プラットフォーマーであり、自社プラットフォームに自社サービスと他社サービスを組み込んで提供しています。あまりに巨大な企業すぎて、最初から手本にならないと思う方もあるかもしれませんが、彼らの手法には、中小企業であっても利用できる指針となるものが少なくありません。特にコンサルタントとしての成功を目指す人にとっては、GAFAのプラットフォーム戦略に学ぶことは非常に有益だと思います。

そのプラットフォーム戦略の本質は、さまざまな事業で最大の「シナジー効果」（相乗効果）

を生み出していくことです。

例えば、アマゾンの創業は１９９４年、創業者ジェフ・ベゾスが当時アメリカ最大手の書店があったニューヨークから遠く離れた西海岸のシアトルの地を選び、書籍のインターネット販売事業に取り組んだのが始まりです。ガレージを拠点に始めた事業でしたが、ベゾスは「地球上で最もお客さまを大切にする企業であること」という企業理念を打ち出し、「世界最大のセレクション」を提供することを宣言します。そして投資家をつのり、得た資金で毎年１兆円以上の設備・技術投資を行いながら、小売店や専門店、ＥＣサイト、半導体関連企業などを次々に買収して事業領域を広げます。インターネット販売のノウハウと、先進的な設備を自前で構築し、さまざまな商品を同一プラットフォーム上に乗せることで、効率的に低コストで販売することができました。さらにはプラットフォーム自体を巨大規模に成長させ、その能力そのものを販売するクラウド事業にも乗り出しました。またその設備や技術、ノウハウを音楽配信事業や映画配信事業、エンターテイメント事業にもつなげていきます。その成長戦略は、１つひとつの事業を同じ理念と目標で方向性を揃えて展開し、事業が連携することで単体事業では不可能な効率性・生産性を実現し、世界にかつてないほどの影響力を持つようになりました。シナジー効果を積み上げてはさらに積み上げていくことがプラットフォーム構築につながり、そのプラットフォーム自体が各事業とのシナジー効果を生み出して

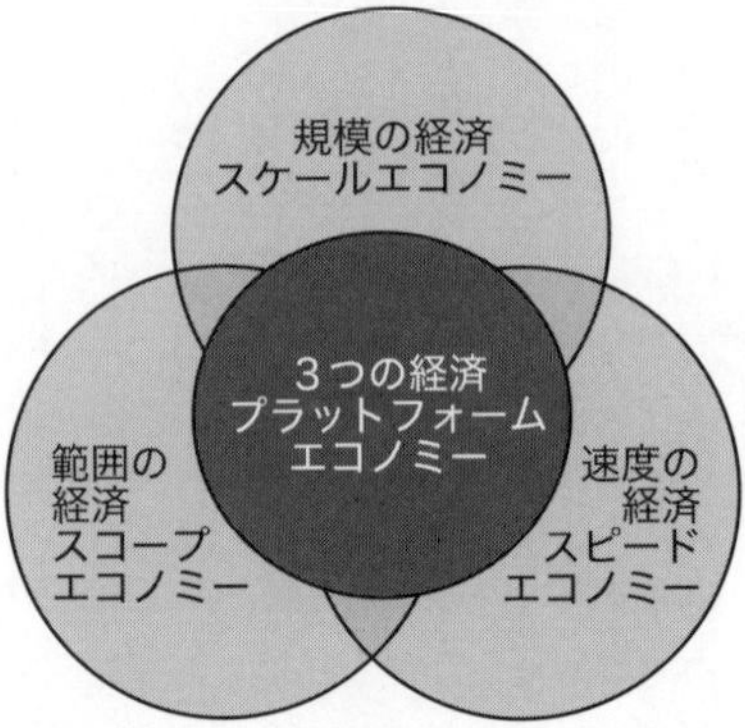

参加者が増えれば増えるほど、相乗的にネットワークの価値が高まり、参加者にとっての便益が増す。

図2　プラットフォームエコノミー

いき、シナジー効果をひたすら追求したその先に出来上がったのが同社のプラットフォームなのです。

シナジー効果とは、複数の事業をうまく足し合わせることで、1＋1を3にも4にもしてしまうような効果のことであり、それを効果的に生み出すことができる基盤がプラットフォームなのです。アマゾンは、グローバルで巨大なプラットフォームを活用して、3つの「経済」を自ら生み出しています。「**規模の経済（スケール・エコノミー）**」「**範囲の経済（スコープ・エコノミー）**」「**速度の経済（スピード・エコノミー）**」の3つです。グーグル、アップル、フェイスブック、さらにはマイクロソフトなども、同様の思想と仕組みで巨大なエコシステムを生み出しています。コンサルタントとしては、このプラットフォーム戦略を学び、自らプラットフォームをつくり出していくことを意識していくべきだと思います。では、アマゾンが生み出した３つのエコノミーについて説明します。

規模の経済

「規模の経済」とは、簡単に言えばたくさん仕入れてたくさん売るビジネスのことですね。大量仕入れによって原価を安くし、多くの顧客を相手に低価格で販売することで利益率を高くしています。またＡＷＳ（アマゾン・ウェブ・サービス）というクラウド基盤のサービスも同社の主要な収入源です。こちらも専用のコンピュータ（サーバー）などを大量購入し、世界各地にある大規模なデータセンターに集約して、多くの顧客がリソースをシェアして利用し、また全体をほとんど自動運用することで、低廉なＩＴインフラを提供しています。これもグローバルに広がりを持つ巨大なコンピュータネットワークを低コストに運用管理できる仕組みがあればこそです。ユーザーが多くなればなるほど、コストは相対的に下がり、利益率は上がっていくのが、アマゾンのビジネスの大きな特長です。

これはアマゾンに限らず、日本企業でも重要な経営課題になっています。外食産業や家電量販店などではＭ＆Ａが盛んですが、そのほとんどは会社の規模を大きくすることによって得られる事業のシナジー効果を見込んだものです。大きくなればなるほど、個々の事業コストは抑えられるため、利益が増大します。これをスケールメリットと呼ぶこともあります。この規模の経済の考え方は、コンサルタントとして必ず押さえておくべきポイントの1つです。

範囲の経済

「範囲の経済」とは、業種・業態を超えて、多様な事業ドメインの商品やサービスを同一のプラットフォームに乗せていくことです。もともとは書籍販売の会社だったアマゾンですが、そのために構築していたプラットフォームやエコシステムを、他の商品やサービスの販売・提供にも活用しています。日用品の通信販売に加え、CD、DVD、ブルーレイディスク、電子書籍、電子書籍リーダー、AIスピーカーなどの商品販売、音楽やテレビドラマ、映画の配信、日用品や食品の販売など多角的なビジネスを展開しており、ユーザーはブラウザを窓口にしてそれらすべてを注文することができます。その上、それらの販売やサブスクリプションビジネスのインフラとして利用しているコンピュータシステムとネットワークのシェアリングもビジネスとしているのです。そんなプラットフォームがあることにより、従来は限定されていたビジネスの範囲をどんどん拡大していくことができました。多角的に展開しているサービスのどれか1つに興味を持ったお客さまは、アマゾンのサイトの中で他のサービスを認知して、新しいサービスの利用に自然な形で誘導されていきます。

コンサルタントとしてここから学ぶべきなのは、自社のために構築した仕組みや、ある商品を売るためにつくった仕組みなどが、他の会社や他の商品のためにも使えるかどうかを意識することです。何かの目的に大きな恩恵をもたらす設備や技術、ノウハウ、人材は、ほとんど確実に他の目的のためにも役立ちます。また、必ずしも自社のオリジナルでなくてもよく、自社の顧客企業がつくった仕組みを自社が許可を得て再販売する手法もあります。一度つくり上げた仕組みを再利用あるいは共同利用することで、コストを抑えて利益を生み出す装置として使い続けることを考慮して、事業分析と提案を行っていくことはコンサルティングに不可欠なポイントになります。

速度の経済

もう1つは「速度の経済」です。アマゾンが日本の楽天などと違うのは、オリジナルの物流システム（FBA＝フルフィルメント by Amazon）を構築していることです。アマゾン以外の商品出品者もこのシステムを利用でき、商品の保管から注文処理、配送、返品に関するカスタマーサービスまでを代行しています。同社の物流拠点にはロボットが多数導入され、倉庫の入出荷現場が徹底的に省力化・合理化されており、その設備をシェアすることで全体の低コスト化とスピードアップにつなげています。FBAを利用した商品には、同社の有料会員であるプライムメンバーにとってメリットがある（当日配送や送料無料など）ことを示すプライムマークがつけられ、それが商品の訴求力を増しています。同社によると、FBA利用者の84・6パーセントが利用前と比較して売上が向上したということです。もちろん同社自身もこれにより売上と利益を拡大していることは言うまでもありません。

ここからコンサルタントが学ぶべきなのは、圧倒的なスピード感が成功を呼び込むために重要だということです。他社も同じ結果を出せるとしても、少しでも速く結果を出したほうが付加価値は高くなります。現在、そしてこれからのビジネススピードはますます速まることは確実です。他社との差別化が難しくなるなか、スピードという付加価値はさらに重要性を増すでしょう。クライアントにそのことを納得してもらうには、まず自分自身が圧倒的なスピード感で事にあたっている姿を見てもらうことが必要でしょう。スピードはコンサルタントにも必須の条件です。

話を戻しますが、以上のような3つの経済を併せ持っているのが「プラットフォーム・エコノミー」です。規模が大きくなればなるほど、全体のコストが低減し、売上が拡大し、利益率が増していくのがプラットフォーム・エコノミーの特長です。

ＧＡＦＡのような巨大プラットフォーム構築には膨大なコストが必要ですから、簡単に真似できるものではありませんが、さまざまな事業をシナジー効果が最大に出るように組み合わせる手法は、工夫次第で誰にでもできることだと思います。私自身も多店舗化の講座ビジネスからＡＩ技術やクラウドを利用した学習サービスや「やまと塾」などの唯一無二の事業を展開しながらシナジー効果を発揮させ、「多店舗化プラットフォーム」を構築して、お客さまとともに成長していきたいと考えており、プラットフォームの一部を構築し始めているところです。それはともあれ、事業にシナジー効果を持たせることと、それを効果的に増大させていくスケール化、スケーラビリティ（拡張性）が短期間での成長をもたらすということを理解しておいていただきたいと思います。

「顧客生涯価値（ＬＴＶ＝ライフタイムバリュー）」をどう設計するか

売上や利益の拡大、企業成長を考える上で欠かせないのは前述した顧客生涯価値を高めることです。そこで問題になるのが顧客獲得コストと顧客維持コストです。これについて、マーケティングの世界では「１対５の法則」と「５対25の法則」があると言われています。

「**1対5の法則**」とは、「新規顧客に販売するコストは既存顧客に販売するコストの5倍かかる」という法則です。

「**5対25の法則**」とは、「顧客離れを5パーセント改善すれば、利益が最低でも25パーセント改善される」という法則です。

どういうことかと言えば、営業ビジネスに携わったことがある人なら誰でも知っている「**一度つながったお客さまには2つめの商品が売りやすい**」という事実を数字で表しているのです。つまり、初めてのお客さまとつながりを持ち、商品を売ることは、既存のお客さまに次の商品を売ることよりも5倍たいへんだということと、既存のお客さまをつなぎとめることができれば、利益率は自然に改善されるということを言っているのです。

ですから、お客さまとの最初の接点で信頼関係を築くことがとても重要です。接触するチャネルもそうですが、商品設計がお客さまのニーズに的確にはまるようでなければなりません。もし最初の営業で信頼関係ができたら、次の商品を提案する機会を設けてもらうことは難しくありません。また最初の取引で好印象を持ったお客さまなら、この会社の提案なら聞いてみようという気になるものです。少し乱暴に言えば、最初の商品設計が適切なら、次の商品の商品設計が多少先方の直接のニーズとずれていても売れてしまう現象が起きます。実はお客さま自身が自分の潜在的ニーズに気づいていないことも多いのです。お客さまが考えている課題に直接答える提案をして、話ができる土壌ができたら別の視点からニーズを掘り起こし、本当の課題が何かに気づいてもらうことができます。そのためのソリューションを複数用意して提案できれば、継続して利用してもらえる可能性が高まりますね。そのような行動を繰り返しとることにより、お客さまは離れていかず、リピート購入や別商品の購入意欲を高めていくことができます。

そうした行動により、お客さまと自社とのＷｉｎ―Ｗｉｎの関係を継続することができれば、お客さまは長期にわたってお客さまであり続けてくれます。顧客残存期間がどんどん長期化していくわけです。すると、そのお客さまの生涯価値は高まり続けます。ビジネスモデルを構築する際には、このような顧客生涯価値を含めた開発が必要です。お客さまを獲得し、育成しながらリピート利用や別商品の利用を促進していく導線をつくることが、利益を上げるためには肝心です。これは成熟市場での事業にはとても重要だと言われていますが、人口が減少していく現在の日本では、必ずしも成熟していない市場であっても、将来の経営を大きく左右する戦略だと思います。

この章では、戦略、作戦、戦術の意味の解説から始め、孫子の兵法、孫の二乗の兵法のエッセンスを紹介し、事業のシナジー効果を発揮するプラットフォームの大切さを説明しました。また顧客生涯価値を追求する意味も説いてきました。これらの内容を通して、皆さんに訴えたい一番のポイントは、コンサルティングにはさまざまな抽象度でのアドバイスができる能力が必要だということです。そのためにコンサルティングのフレームワークを知ることが大切です。フレームワークとはいわば「型」です。

より具体的で小さなレベルでは作戦があり、その上位には戦術があり、さらに上には戦略が必要で、戦略の上には「人生の使命」である理念の達成、それを実現するための「同志的結合」が必要だというのが、私が提案しているコンサルティングのフレームワークです。これを知れば、そのフレームワークの中で、クライアントに応じて抽象度を上げたり下げたりしながら、クライアントが納得できるアドバイスができます。その上でシナジー効果をどうつくり出すか、お客さまの生涯価値をどう上げていくかを一緒に考えていくことを実践すると、業種業態、会社規模にかかわらず、有益なコンサルティングを行うことができます。

なお、最も肝要なのはフレームワークの最上位層にある「使命」です。私はビジネスの始まりは経営者としての使命を知ることであり、使命を果たすための信念と覚悟が必要だと思っています。その信念と覚悟がなければ、正しくビジネスを目的に沿って実行する戦略が立案できません。戦略が目的達成のために不適切なものであれば、作戦も戦術も不適切なものになります。戦略があってこその作戦、戦術なのですから、戦略ミスがあればすべての行動が間違った方向に向かいます。戦術レベルで方向修正することは不可能です。どのようなビジネスであっても、経営者として目的をゆるがせにせず、しっかりとした戦略を立てて行動に移すこと。これさえできれば、事業を拡大していく基礎ができます。そのうえで、シナジー効果を考え、顧客生涯価値を最大化することを含めた事業戦略、ビジネスモデル開発を意識してください。

第5章

心理学を使い倒す

心理トリガーという武器を持つ

孫子の兵法の本質は人間心理を理解し、それを利用して相手よりも優位に立つ戦略をつくることでした。2500年を経ても孫子の兵法が勝負の世界で活用されているのは、人間が本来持っていながら、なかなか自分自身で気づくことができない思考の本質を突いているからなのでしょう。その本質を近代の脳科学が解き明かし始めています。

図1に示すように、人間の脳は大きく3層の構造を持っていると考えられています。このモデルが発表された1990年当初は、この3層を脳の進化のプロセス仮定にのっとって一番内側の脳を原始的な「爬虫類の脳」、真ん中の部分の脳を「(古い)哺乳類の脳」、外側の脳を「人間の脳(進化した哺乳類の脳)」と呼びました。現在の科学では進化プロセスとの対応に疑問が呈されていますが、脳の部位とそこが司る役割についてはほぼそのまま通用しており、それらの呼び方も一般に定着しています。

潜在意識は脳の奥深くで密かに動く

脳の一番内側の部分を脳幹《のうかん》といいます。ここは本能を司る部分と言われており、体温維持

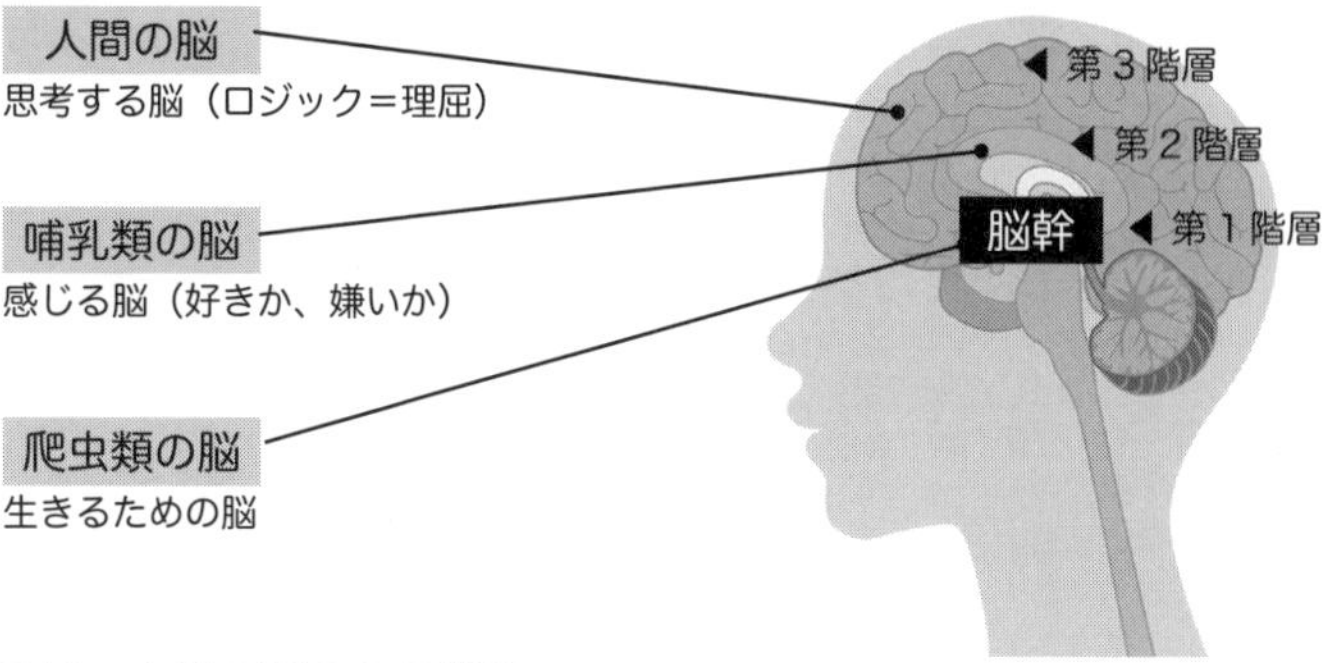

図１　人間の脳の３層構造

や呼吸、心臓の拍動、摂食、性行動など生命の維持に不可欠な機能を持っています。この脳が「爬虫類の脳」で、気温や日射などの外部環境の変化を感じ取り、それに応じて体内機能をコントロールするといった生命維持機能を持つほか、外部の敵が近づいてきたら威嚇したり、服従したりといった、危険から身を守るために反射的にとれる防衛機能を持つと言われています。すべて生きるために、直接的・短期的な生命危機に対処する機能を備えているのです。生存本能は本来リスクをとらずその場をしのぐことに向かう、自己中心的で守旧的な行動につながるものと言えるかもしれません。

脳幹の少し外側にあるのが大脳辺縁系で「哺乳類の脳」と呼ばれます。こちらは感情、情動を司ると言われています。好き、嫌い、うれしい、愛しい、楽しい、怖い、腹立たしいというような喜怒哀楽を生み出す部分です。哺乳類は長く子育てをしますし、集団で行動する傾向が強いのが特徴です。集団の中では愛情や敬意を持つことで集団の安全が保たれ、子どもなどの弱者を強者が助ける行動も感情・情動があればこそです。一方で憎しみや反感、敵意などのネガティブな感情・情動も、外部からの脅威に対抗するために有効に働きます。また集団としての行動に限界が出て来れば独立して別に群れをつくることにもつながります。このように、社会性を持った行動の背後には感情・情動があります。仲間をつくり、群れをなし、協調・協働することで、より子孫を残しやすくするのがこの脳です。

またさらに外側にあるのが大脳新皮質です。こちらは人間では大きく発達しており、「人間の脳」と呼ばれます。この部分が思考を司ります。言葉を使い、学習し、発想し、未来の予想ができるのは、この部分が発達していればこそです。未来を想像して戦略を立てて行動することは、この部分がなければなりません。それができたために、人間は他の動物の上位に立ち、地球を支配する存在になれたのです。

これらの脳の3層はどれも常に働いていますが、自分自身で「頭を使っている」ことが意識できるのは「人間の脳」の一部の働きだけです。心臓のビートや呼吸をいつも意識している人はいないのと同じように、ごく一部の脳の働き以外は、まったく自律的に動いているのですね。そうした顕在化しない脳の働きを「潜在意識」といいます。それは3層の脳のどこか1つにあるわけではないと思われますが、「人間の脳」よりは「哺乳類の脳」や「爬虫類の脳」

で潜在意識の大部分が働いていると言われています。

しかも潜在意識は自分で意識することができる顕在意識よりもはるかに大きな部分（90～95パーセント）を占めると言われています。そこには先天的に遺伝子により伝えられる本能的な行動に役立つ情報があります。一説には前世の記憶や臓器記憶などの情報も眠っているとも言われます。そうした情報以外に、小さい頃の記憶や体験によって脳の深い部分に刻み込まれた情報も活用されています。さらに潜在意識は、主に両親などの家族、周りの人々、学校などの教育によって後天的にセットされ、ものの見方や価値観がその部分に左右されることが多いようです。本能の欲求は何よりも強いのですが、後天的に植え付けられたものの見方や価値観は、「人間の脳」の働きと行動により、実はかなり簡単に変容させることができます。生まれてきて成すべきことを成すためには、論理的な思考だけでなく、先天的・後天的に組み込まれている脳の深い部分に強く依存する潜在意識の力を借り、脳の中に眠っているあなたの巨大な能力を利用することが必要だと私は考えています。具体的な方法は次章で説明しますので、ここでは自分が意識できる以外の隠された力が脳の中に潜んでいることを覚えておいてください。

経済は感情で動く

人間は、自分は意思決定を論理的に行っていると思いたがっていますが、実際には論理よりも先に、潜在意識の働きによる感情が、行動のきっかけになっていることがほとんどです。たいていの人は自分の行動の理由を「このような考えに基づいてこう行動した」と説明しますが、本当は行動を正当化するための後付けの理由であることが多いのです。

ですから、相手を動かすためには、論理よりも感情のコントロールが重要な役割を果たします。相手の感情をコントロールすることができれば、セールスでも経営でも、自分の目的に近づく成果を得ることができます。それにはもちろん論理の裏付けも必要にはなりますが、それは潜在意識の変容を正当化して理由づけし、納得感を得てもらうためと言ってもいいかもしれません。実は、ビジネスといい、経済といい、すべては感情で動いているのです。

コンサルタントは理路整然とした分析や提言を行うだけでは足りません。人間の感情の変化を想定して、感情をコントロールするように会話や解説、アドバイスができなければ、なかなか相手の心の奥にまでアプローチすることができないのです。そのためには心理学や脳の働きを学ぶことは大きな力になります。特に「心理トリガー」は人の心を動かすきっかけになるものなので、これをよく学び、身につけることはコンサルタントとして働くうえでの重要で強力な強みになるでしょう。

感情を刺激して行動に結びつけるのが「心理トリガー」

人間は「感情でモノを買い、論理で正当化する」生き物なのです。

相手の感情、または自分自身の感情を動かす要因となり、結果として行動を変容させられる刺激のことを「心理トリガー」と呼びます。トリガーとは引き金のことですね。経済は心理トリガーによって動いていると言っても過言ではありません。マーケティング業界で言われる心理トリガーの代表的なものは３つあります。

・希少性トリガー

希少性があるものに価値を感じるのは人間の普遍的な心理の働きです。他の人が持っていないもの、手に入れることができないものを自分だけが手に入れられることには快感を感じますね。例えばセールスで「限定何品まで」「今日限りのご提供」と言われると、本当はいま必要でなくても欲しくなります。またコンサルティング業界では例えばセミナー案内に「残席◯席、先着順で受け付けます。人気講座なのでお早めに」と文言を添えると申し込みが増えるのです。そんな希少性をアピールすることが、商品購入の引き金になります。

・権威性トリガー

権威を持っている人からの推薦があれば、その商品を購入しても安全であり、役に立つことを予想してもらえます。業界のリーダー的立場の人、大学教授、評論家、有名芸能人など、社会的地位が高く信頼されている人物から、ひとことでも推薦してもらえると、ユーザーの商品に対する見方が違ってきます。権威に従う心理もやはり普遍的なものです。

権威性のトリガーを今いちばん活用しているのはSNSや動画共有サイトなどで活躍しているタレントや読者モデルなどの「インフルエンサー」なのではないかと思います。中央のテレビ局のアナウンサーなどの人気がある人が、特定商品の宣伝にあたるようなコンテンツを発信して「ステルスマーケティング」(広告とはわからないように偽装したマーケティング活動)だと指弾されたことがありましたが、一方では知名度や人気を背景にして、企業から対価をもらって自身のコンテンツで特定商品などのPRを行うことは、「企業案件」などと呼ばれて広範に行われています。これは不正行為とはされないので、チャンネル登録者が多いインフルエンサーほど高い対価が支払われています。もちろんそれだけの見返りが期待できるから企業はお金を出すのです。

そうしたインターネット上のインフルエンサー以外にも、著名な芸能人、評論家、政治家、成長著しい企業の経営者など、さまざまな分野に影響力を持つ人がいます。そのような権威がある人のひとことは、自分で千言を費やすよりもずっと重く、素直に受け入れられるものなのです。コンサルタント自身がそのような権威を持てれば最高ですが、当初は外部の権威をうまく利用することを考えるべきでしょう。

・コミュニティのトリガー

所属するコミュニティのルールに従うのも、普遍的な人間心理です。「郷に入れば郷に従え」と言いますが、誰に言われなくとも自分が所属するコミュニティの主流意見に従うほうが生きやすいのは誰でも知っていますし、それにあえて逆らうことにはためらいや、ときには恐怖を感じることもあるでしょう。これも潜在意識に刻み込まれた広い意味での生存ノウハウの1つです。

これらの心理トリガーは、時代や地域、国籍、人種を問わず、人間すべてに共通するものです。マーケティングに成功している企業はこれらの心理トリガーをうまく組み合わせて利用しています。

いろいろな心理トリガー

コンサルティング業界では、競争相手は多数あるのが普通ですから、さらに細かく、上手に心理トリガーを用意して、他の誰かでなくあなたを選んでもらう必要があります。またそれは同時に、顧問先企業の売上を上げるための対消費者への情報発信に際しても有効に用いることができます。例えば、次のような心理トリガーを使うことができます。

・ストーリーのトリガー

商品メリットや機能性についての説明だけでは商品の魅力を十分に伝えきれません。相手が共感できるようなストーリーで、その商品を購入したあとの満足を疑似体験してもらうと、相手に自分ごととして捉えてもらえます。「お客さまと同業種で、同じような課題を持って苦労されていた会社が、この商品を購入したら具体的な課題が1つひとつ解決していき、最終的に売上と利益が拡大した」というような、1つのストーリーで商品の価値を語ることが心理トリガーとなります。当事者意識を持ってもらいやすくなるのですね。

・お祭りのトリガー

お祭りの高揚した気分は商品購入の心理トリガーを効きやすくします。日本人は特にお祭り好きですね。お祭りのときには気が緩み、財布の紐も緩むのはご経験されているかと思います。そこにつけこむというのではなく、ポジティブで開放的な気分のときに、将来への積極的な投資アイディアを語って刺激すれば、そうでない気分のときよりもずっと購入検討をしてもらいやすくなります。そのようなポジティブで開放的な気分をつくり出すことを意図的に行うのがお祭りのトリガーです。

かつては閉ざされた会場で熱狂的な雰囲気をつくり上げて高額商品を売る催眠商法が問題になったことがありますが、正しく商品の魅力や価値を伝え、また実際の購入者の意見をいつでも聞けるような環境の中で説明することは問題になりようがありません。それはただ、話を率直に聞ける心理状態をつくり出しているにすぎないからです。例えば顧問先企業が集まるパーティや研修会などでの会食、歓談などはある意味お祭りです。これは同志的結合をより強める効果があります。その高揚した雰囲気の中でする話は心理トリガーになりやすいのです。

・社会的証明のトリガー

繁盛店や行列店のラーメンはうまいはず、と考えるのが社会的証明です。たくさんの人が認め、求めている商品はよいものである可能性が高いという心理が働きます。しかも、たとえ同じ値段で同じレベルの商品を提供していても、閑散としたお店よりも行列店のほうを選ぶのが人間心理なのです。実際に、同じ味のラーメンでも閑古鳥が鳴くような店で食べるより、行列ができている店で食べるほうが美味しく感じます。

商品力が同じでも、社会的証明を利用したブランディングをうまく実行した会社のほうが人気を博すというわけです。

また、常に行列になる店は行列を絶やさないように努力しています。低価格で販売する日を設けたり、クーポンを発行したり、お値打ちの目玉商品を投入したりと、利益率をあまり落とさない範囲で集客できる仕掛けをあれこれとつくりこみ、実行していますし、それに加えて行列の長さに常に気を配り、行列があまり短くならないように店内のオペレーションのスピードを調整することまでやっています。さらには行列に並んでいるお客さまが離脱しないように先に注文をとったり、クーポンつきの情報紙を配ったりと、さまざまな配慮をしています。お祭りのときに露店を出したり芸事をしたりする的屋（香具師）だとさらに巧妙に、行列の長さなどの集客の度合いを見て、口上も利用しながら調理時間に緩急をつけたり、呼び込みの後に楽しい話芸で引き止めておくなど、行列を一定の長さにしながら、並んでいるお客さまを飽きさせないようにする工夫を多彩に凝らしています。

そのような努力によって、行列を維持して社会的証明のトリガーを引き続けることが人気につながり、期待感や満足感、安心感をお客さまに感じてもらえるようになります。前述の希少性トリガー、権威のトリガーも社会的証明のトリガーの一部です。行列感、満席感、権威ある人の推薦などをアピールすることで、お客さまに商品力を超えた心理的な価値を提供することができるのです。コンサルタントは社会的トリガーをつくり出し、また繰り返しトリガーを引けるように適切な仕組みづくりを考えていく必要があります。

・共通の敵トリガー

国、業界、会社などの集団に対する共通の敵を想定すると、力を合わせて戦おうとする一体感が生まれやすくなります。例えば中国や韓国は国内で何か問題が起きて国民の不満が高まりそうになると、ターゲットにしやすい日本を狙って反日キャンペーンを行うことがたびたびありました。国民の「共通の敵」を意図的につくり上げることで、国民の戦うべき相手は自国政府ではなく他国であると思わせる政治的なパフォーマンスです。そのような欺きは長期的な視点では自国民の不利益を招くのではないかと思いますが、それはともかく、人心を意図した方向に導くためには、「共通の敵」トリガーは非常に有効な手法であると言わなくてはなりません。

また例えば自然保護、ＳＤＧｓ、クリーンエネルギー実現などのように、多くの人に受け入れられる社会活動においても、その思想に背反する旧来の常識や制度を守りたい人を「共通の敵」とすることで力をつけてきたと思います。マーケティングにおいても、多くの人が同調し協力したいと思うような目的や目標を掲げて、それに反する活動をする人や会社や業界を仮想敵に見立てて、戦うためのシナリオを用意することができます。そして自分ならそのシナリオの一部としてこのように戦いに協力できると思ってもらえると、それが大きな心理トリガーになります。

・証拠のトリガー

自分が何かを主張するとき、その主張をしなければならない理由を必ず述べるようにします。「○○が必要です」と言うときには、その次に「なぜなら○○だからです」と、主張の根拠・理由を述べるのです。例えば「新規顧客開拓が必要です」と主張するなら、そのあとに続けて「なぜなら新規顧客を年間２００人増やさないとビジネスモデルが維持できないからです」というように、理由をはっきりと述べます。何かを提案するには、必ず証拠となる客観的な数字や事実を背景にすることが重要なのです。例えば現状の売上、利益、顧客数、リピート率、中心顧客セグメントなどを分析し、優良企業の場合との比較や社会トレンドなどとの比較を通して、なぜ年間２００人の新規顧客開拓を行うことが、他の施策よりも優先すべきなのかの根拠を示さなければなりません。仮に根拠として弱いかもしれないと思っていても、具体的な理由を述べるだけで相手は納得しやすくなります。

・会話のトリガー

一方的な主張や説明ではなく、相手側の意見や現状を真摯に聞く姿勢が必要です。双方向のコミュニケーションが成り立っていて、疑問を即座に解決できるスムーズな会話ができると、心理トリガーが効きやすくなります。

これまでは対面でのコミュニケーションが中心だったかもしれませんが、現在ではＳＮＳなどで、直接対面しなくても、電話でなくても、コミュニケーションがとれるようになり、かえって会話の機会は増えていると感じます。また私の場合はオンラインセミナーを開催することが多くなりましたが、セミナー後には感想や意見、質問をコメントで送っていただくようにお願いしています。コメントを記していただいた人には何らかの特典を差し上げるようにすると、コメントをさらに多くいただけるようになります。いただいたコメントの内容は、次回のオンラインセミナーやYouTube（動画共有サービス）での情報発信などに反映し、双方向のコミュニケーションになるように工夫しています。

こうした双方向でのコミュニケーションは、従来から行われてきた会社の言いたいことをメディアを通じて発信していく一方通行のコミュニケーションとは違い、心理トリガーが働きやすくなります。

現在はSNSをはじめとして1対1、1対多、多対多のコミュニケーションが行えるデジタルツールがいくつもあります。こうしたツールの利用により、双方向あるいはマルチ方向でのコミュニケーションが非常に容易になっています。そんなツールも利用しながら、会話のトリガーを効かせていくことが、コンサルタントにも、クライアントとなる企業ににとっても今後はさらに重要になっていきます。

・返報性のトリガー

例えばスーパーマーケットの無料の試食、お歳暮、年賀状、試着、SNSの「いいね！」、恋愛相手への誕生日プレゼントなど、こちら側が先に何かを差し上げると、先方でも何かお返しをしなくてはならないと思う心理トリガーが働きます。ビジネスや人間関係はすべてギブアンドテイクといいますが、テイクを先にするより、ギブを先にした方が結局はトクになることが多いものです。

・サプライズのトリガー

思ってもいなかったサプライズ、例えば行きつけのレストランに誕生月に行ったらバースデイケーキで祝ってくれたというような思いがけない出来事は強く記憶に残ります。求めた以上の満足を、感動とともに与えることができれば、返報性のトリガーが数倍効くようになります。近年は「サプライズマーケティング」というマーケティングジャンルも登場していますね。お客さまにとっては会社ブランドに対しても親近感がわき、顧客獲得・維持に非常に有効に働きます。

このようなさまざまな心理トリガーを用意して、フロントセミナー、個別相談、対面営業、販促活動、ＰＲ、広告、イベントなどに組み込むことが、お客さまの決断を促す重要要素です。ウェブからの情報発信でも、記事ライティングに心理トリガーとなる文言が入っているほど成果が出やすいものです。単に商品を紹介するより、エンドユーザーが購入したときのストーリーに乗せて、さまざまな心理トリガーを組み込んでいくほうが、成約率向上などの成果が出やすくなります。

見込み客を集め、教育し、ファン化するノウハウ

心理トリガーをうまく使うことで、集客、顧客拡大、顧客維持に生かすことができます。目指すところは顧客生涯価値の最大化です。日本にスーパーマーケットやチェーンストアを紹介し、戦前・戦後を通じて理念型経営を説いた偉大な商業指導者である倉本長治先生はこのように言っています。

「繁盛とは、たった1人の客が繰り返し買い物に来ることの累積にほかならない」

この言葉は商業界だけでなく、すべての業界で尊重すべき考え方だと思います。この言葉に示されているように、企業にとってある1人の顧客が生涯にわたって企業にもたらす価値の合計が、繁盛=利益を上げることなのです。多くの人に商品を買ってもらうことは重要ですが、一度の購入で終わってしまうと利益はほとんどありません。なぜなら、顧客を獲得するために多くの費用がかかっているからです。顧客生涯価値は、1人の顧客が生涯にもたらしてくれる利益の総額から、1人の顧客を獲得・維持するために使った費用を差し引いた金額のことでしたね。顧客生涯価値をいかに上げていくか。それが特に長期的な事業拡大には一番必要なことです。

では1人の新しいお客さまを、何度も購入していただける「ファン」になってもらうにはどうしたらよいでしょうか。

集客とはどういうことか

まずは最初の商品を購入してもらうことが大事です。そのためには集客をしなければならないのですが、それが苦手だという企業が少なくありません。ですが、その苦手意識は集客を1つの行為だと考えているから生まれるのです。集客を次の３つに分解して考えてみると、うまくいかない原因がはっきりしてきます。

① 見込み客を集める
② 教育する
③ 目の前に連れてくる

うまく集客できない会社では、この３つのどれかに問題があります。例えば「見込み客が集まらない」という場合なら、集客施策のターゲットが広すぎたり、少しずれていたりすることが考えられます。また「教育する」というのは、商品の価値を正しく伝えるための施策がうまく連動していないか、伝えるための場をつくれていない可能性があります。また「目の前に連れてくる」というのは、見込み客を集めて教育したあとに、具体的なアクションを起こしてもらうことを言います。これにはフロントセミナーや試用などの施策がありますが、その施策が適切でないとうまくいきません。これらの3つのどれかが不足していたり適切でないと、十分な集客ができません。逆に3つをそれぞれうまく遂行し、適切に連動させることができれば、お客さまは増えていきます。

見込み客を集めるにはまずペルソナの設定

では見込み客を集めるにはどうすればよいでしょうか。商品スペックや機能説明だけでは十分ではありませんでしたね。心理トリガーを最大限使って効果的に集客したいものです。そのためには、理想的にはワンツーワンのお誘いができればよいのですが、売りたい商品に誰が関心を持ちそうなのかわからなければ無理ですね。心理トリガーを効かせたくとも、どのトリガーが有効なのかがわからないと施策はコストばかりかかって成果が少なくなります。効率的な集客にはより絞り込んだセグメンテーションを対象に施策を実行することが大事です。私は商品、サービスを最も必要とする人は誰なのかを、1人の仮想の人物に絞り込むことを推奨しています。そんな人物像のことを「ペルソナ」といいます。

ペルソナ（Persona）は「仮面」を意味し、マーケティング業界では架空の人物モデルのことを言います。マーケティングのターゲットを絞り込むときに、顧客をさまざまな属性（年齢、性別、職業、趣味嗜好、収入など）で絞り込み、その属性を持つ人の購買行動などの特徴に合わせた広告・宣伝を行ったり、商品を特定の属性を持つ人のためのデザインにしたりと、さまざまな工夫をします。その考え方の延長上にあるのが「ペルソナ」で、本当に存在していそうな架空の1人の人物像を想定するものです。実際にすぐ隣にいるかもしれない具体的でリアルな個人のイメージを描き出すことで、商品開発や広告・宣伝などのさまざまな活動に携わる人が共通のお客さまイメージを想起しやすくなります。

属性によるターゲットの絞り込みの手法では、対象とする人物像はある程度の幅を持ちますが、ペルソナを定義するとまったく幅がない「その人」に向けた対応を考えることができます。商品開発者や営業担当者、広報・広告担当者など商品の開発から販売に至る過程で関わるすべての人が、ある1人のペルソナという共通イメージで対応策を考えることができるので、各部門や担当者間の意識が統一され、適切な商品開発やプロモーションが可能になるのです。

例えば健康食品を販売するときにペルソナを「文系の大卒、社会人1年目の女性で収入はそこそこあるが趣味の音楽ライブに多くを費やしている。食生活に気をつけ、ダイエットはしないが低糖質・高タンパク質な食事を心がけている。休日は近所のヨガスクールに通い、その後は……」というように、**どこにでもいそうな架空の人物像をリアルに、具体的につくり上げます。**誰もがありありとその人となりを想像できるペルソナが設定できれば、属性によるセグメンテーションよりもターゲットをはるかに精密に絞り込むことができます。

言葉を換えれば、ペルソナ設定はお客さまを具体的にイメージし、その人が求めるものは何か、好むものは何かを考えることです。**商品ありきでどのように売るかではなく、お客さまありきで商品がどのようなものなら喜ばれるのかを考えること**と言ってもよいでしょう。

あまり緻密で**複雑すぎる設定ではかえってイメージしにくくなります**ので、適度な複雑さでペルソナを設定することが大切です。次のような属性を含めて、お客さまイメージを1人の架空の人物に落とし込みます。

- ・年齢、性別、住所、最終学歴
- ・勤務先、業種、規模、役職、年収、貯蓄傾向
- ・家族構成、趣味、生活パターン
- ・価値観、興味・関心のある分野
- ・将来の夢、希望

・メール、SNS、ブログ、メッセージアプリなどの利用状況、端末

これだけの属性を全部設定すれば、最も商品を必要とする人の具体的な生活がイメージできます。その人になったつもりで、つまりエンドユーザーの立場の視点で、どんな働きかけがあったら売りたい商品に目を向けてもらえるのかを、具体的に考えることができます。その人が最も好みそうなプレゼント企画をしたり、最も関心が高そうな領域の情報を無料PDFなどで配布したりと、効きやすい心理トリガーを利用した施策ができることになります。

見込み客が接触してきたらリスト化

ペルソナ設定により効果的に第一段階の集客ができたら、接触してきた人にこちらからアプローチできる仕組みをつくります。メールアドレスを登録してもらってメルマガを配信してもいいですし、LINE＠に登録してもらってメッセージをいつでも送れるようにしてもよいでしょう。そのようにして集めた見込み客の集まりをマーケティング用語で「リスト」と言います。そのリストの数と質が、マーケティングの成否を左右します。ただリスト化にはお金がかかります。ペルソナの設定の仕方や施策の適切さ、タイミングなどにより違いがありますが、一般的には、見込み客１人をリスト化するのにおおそ１５００円かかると言わ

れています。1万人分のリストだと1500万円になりますね。私が持っているリストは2500人分くらいですが、コンサルタントのなかには3万人規模のリストを持っている人が多いようです。なかには10万人以上のリストを持つ人もいます。

顧客育成・教育するための7つのポイント

リスト化できても、その人が商品を買う気になっているわけではありません。その人に対してなぜ、いま商品を購入すべきなのかを理解してもらわなければなりません。それを顧客育成（ナーチャリング）、または教育と呼びます。ここでもやはり商品の紹介に終始していてはなかなか成約には結びつきません。前述の一瞬戦略、ナンバーワン戦略などに基づき、心理トリガーを要所要所に入れながら、次の7つのポイントを意識して相手にアプローチすることが重要です。

① なぜ自社が業界のナンバーワンと言えるのか、何についてのプロフェッショナルなのかを説明できること。
② なぜナンバーワンなのかのエビデンス、断言できる理由を述べること（年間成約数など）。
③ 同業他社とどう違うか、差異化ポイントをわかりやすく説明できること。

④既存客が自社を選んでいる理由を説明できること（リピートする理由、他社を利用しない理由）。
⑤こだわっているポイントを述べること（特殊な技術・スキル・マインドなど）。
⑥強み、長所を挙げること（他社と比較して優位なこと）。
⑦未来像を語れること（商品購入によりお客さまがどのように変わるか）。

特に③の同業他社との違い、④の既存客に選ばれている理由を明確に表現できることが大事です。例えば私の場合なら、一方向の講義でなく、受講者に課した課題などの回答に個別添削をして、双方向のコミュニケーションができること、本学と末学を同時に教えていることなどが同業他社との大きな違いになっています。またリピートされる理由としては講座の再受講が無料であることや、受講者のモチベーションが高まるように、感情を揺さぶるように話をしていること、また受講者の短所を指摘して指導するのではなく、よいところを伸ばしていく長所伸展法をとっているところなどが挙げられます。受講者の皆さんは重要な知識やノウハウを身につけられる一方で、受講することが気持ちよいと感じてもらえているようです。次の講義、あるいは別の講座へも期待感を持ってもらえているのは実利的であるのに加えて、複数用意された講座をすべて受講修了することによるコンプリート感、そして快感やワクワク感が高まることが大きな理由なのだと思っています。また、常にメルマガなどで情報を発信して、忘れられないように、つながりが保てるように努めてもいます。そうすることで、7つのポイントの全項目をクリアしていると自負しています。だからこそ、価格競争に陥らず、競争の激しい業界でも異色の存在になっていられるのだと思います。

見込み客を集め、教育することに成功したら、自然にお客さまが目の前にやって来ます。そのお客さまを満足させ、商品を繰り返し購入してもらえる関係が築けたら、それはファン化に成功したことになりますね。

なお、上記の7つのポイントが「説明できる」「述べる」「挙げる」「語れる」で終わっていることに注意してください。これらのポイントは、ただ頭の中で考えているだけではだめです。きちんと言語化して、ウェブページなり会社案内なり、営業資料なり、さまざまな情報発信の機会に表明することが大事です。これらのポイントを押さえたうえでウェブページのコンテンツを見直すと、急に成約率が上がります。

プロダクト・ローンチ——商品を一気に売り上げる

では、心理学的なアプローチでどのような状態がつくり上げられたら最高なのか、考えてみてください。

千客万来、みんな満足して商品を購入して繰り返し買ってくれる。そうなったらうれしいですよね。しかも、商品発売と同時に、あるいはその前から、お客さまが「頼むから売ってくれ」と頭を下げてやってくる。そんなスタートが切れたら最高です。

そんな状態をつくり出す世界最強のマーケティング手法が「プロダクト・ローンチ」です。語義からすると新商品公開や発売のことですが、マーケティングの専門用語としては、商品発売前に消費者の購入意欲を最大限までつくり出す手法のことを指しています。

プロダクト・ローンチの手法は、従来のセールスにおける見込み客へのアプローチから商品購入・予約に至るまでのお客さまへの働きかけを分割し、小出しにしながら情報への興味・関心・飢餓感をあおって期待感を徐々に上げていくやり方をとります。これはウェブ通販の商品販売ページや情報商材の販売ページなどと対比するとわかりやすいでしょう。キャンペーンなど何らかの手段で自社ウェブサイトにお客さまを誘導して開かせるページをランディングページと言いますが、販売目的のランディングページなら、まずはキャッチコピー、リード文、お客さま課題の例示、課題解決方法の概略、課題解決に成功した会社や人の事例や感想、課題解決に売りたい商品がどのように役立ったかの分析、購入方法や条件、価格・料金などが続いて、最後は希少性や時期的限定性をアピールするような建てつけになっていることが多いですね。でも、ご自分でそんなページを目にしたとき、どんな行動をとられますか？

私はそれほど興味がなければ、まずページ下部にスクロールして価格・料金を確認します。実はたいていの閲覧者はそのようにして価格・料金を見て、その時点での自分のニーズとコスト感覚に照らして高額だと思えばページ先頭に戻ることもせず、サイトから離脱してしまいます。提供した情報の大半は見られることなく通り過ぎていくのです。ウェブの例は典型的ですが、これは広告・宣伝・販促資料を印刷物で提供する場合でも同様です。最初から最後まで丁寧に読んでくれる消費者はなかなかいません。

しかし世の中には効用、メリットが最初はわかりにくいけれども実際に使ってみると非常に役に立つ商品はたくさんあります。そんな商品はたいてい、大量生産品よりも高額です。商品ジャンルとして同一に括られていても、他社商品とはまったく異なる特徴を持っていて、購入すればずっと役に立つ商品の情報を、このような旧来のやり方で発信していては、なかなか商品の魅力やメリットをわかってもらえません。

プロダクト・ローンチの手法では、ウェブのランディングページのように縦長のページになってしまう内容を細かく分割して、時間をずらして情報提供します。最初は商品の細目ではなく最も関心を惹きつけることができる一面を内容として次の情報提供への期待感を高め、次々にだんだん詳細な魅力を伝える内容を、必ず次に期待を抱かせるようにしながら提供していきます。3つのストーリーを提供するとしたら、それを基本的には1週間から10日をかけて小出しにしていくのです。ハリウッド映画などは半年前に予告編を流して、公開の1週間前くらいには主演俳優などが広告・宣伝活動に起用されますね。有名人を集めた試写会なども行って情報発信を誘い、公開前に話題を盛り上げていく手法をとります。すると、公開日にはたくさんの観客を集めることができます。これと同様のことを行うわけですが、商品販売の場合はもっと短いサイクルで実行することになります。私もこの手法を多用しますが、だいたい伝えたい内容は5分割くらいにして、それぞれを動画にして、間を空けて順次配信する形をとっています。料金などは最後に配信しますが、「限定何名、何日、何時から募集を開始します。人気講座なのですぐ満席が予想されます」などと希少性や限定性をアピールする文言を添えると有効性が高まります。そのような情報提供はウェブ経由で行いますが、最初にユーザー登録（オプトイン）をお願いしてお客さまのリスト化を図ります。登録してくださった方にはプレゼントや特典を設けておくとさらに有効です。統計的には、オプトインした方の中の3～4パーセントの方が成約に結び付いています。

プロダクト・ローンチには各種の心理トリガーを要所要所に仕掛けておくことになります。人間は当初関心を持ったことでも、それが今までの経験とかけ離れた新しいことであればあるほど、危険を回避する「爬虫類の脳」の影響で行動にブレーキがかかりがちです。そのブレーキを一気に外すことは難しいので、将来の輝かしい成果や欲求の充足、快楽が得られる可能性を段階的に示していくことで徐々に脳の本能的な防衛機能を抑え込んでいくことができます。そこには心理学的なノウハウやテクニックが必要になります。それを商品や事業に即して深く追求していかなければなりません。ここはコンサルタントの腕のふるいどころです。

人はニーズを感じないと1円でもお金を出さない

当たり前のことではありますが、ニーズを感じないものに人はお金を出しません。「この商品を買ったほうがいい」と思う人を増やすのではなく、「この商品を万難を排して手に入れたい」と思う人を何人かでも増やすように行動することが重要です。緊急度が高いニーズを喚起することがとても大事です。繰り返しになりますが、理想の未来のイメージを具体的に提示することが重要です。その未来イメージと、現実とのギャップが大きいほど、ニーズが喚起できます。ありありと未来を予想させ、現在の困りごとや悩みを問いかける。そして理想の未来と現実の問題点をストーリー（事例など）として共感・共有できるように語る。そのような内容を意識して、プロダクト・ローンチをはじめとする集客・教育活動を行っていくことが大事です。

なお、ある程度は事前の投資やリスクをとる覚悟も必要ですね。例えば、高級車のレクサスはアメリカで好調に売れていますが、あるディーラーはレクサスを見込み客に2～3日無料で貸し出すサービスを行っています。これは商品への自信があるからこそでもあり、見込み客の社会的ステータスが高いからこそでもありますが、ある程度長い間の乗車体験を通じて商品の良さや周囲の人の視線などをありのままに感じることができます。これが理想的なドライブ感覚であり所有の満足感だと思ってもらえれば購入に至ります。そうして高い販売実績を上げているのです。こうした無料体験を提供できる場合は成約率が高まりますし、無料体験は無理でも、ウェブページや動画などを駆使して疑似体験をしてもらうことならコストも低く、労力もそれほどかけずに成約率を上げることができます。どのような手段を使うにしろ、お客さまに未来の素敵なイメージを具体的に描いてもらうことが重要です。

トップ1パーセントのプレゼンターが意識していること

さて、商品販売にあたってはプレゼンテーションを効果的に行うことも非常に重要です。同じ内容を伝える場合でも、プレゼンテーションの巧拙により成約率には大きな差が出ます。プレゼンテーションが上手な人は、競合が多い高額商品であっても値引きなどをせずに購入してもらえますからビジネスが楽になりますし、プレゼンテーションでうまく成約に結び付けられないと、他社との価格競争になりがちです。

プレゼンテーションの巧拙を分ける本質的なポイントは、口の巧みさや話術というような小手先のスキルではありません。ざっくりと言えば、プレゼンテーションを受ける人の立場に立って、商品購入後のその人たちの未来のイメージを描けるようなプレゼンテーションを心がけることです。

多くの人は商品の機能やスペックを語りたがります。自分の商品のよさを理解してもらいたい気持ちはわかりますが、お客さまの心はそれだけでは動きません。売れているトップ30パーセントくらいのプレゼンターは、商品の効用を説きます。「この商品により御社の課題がこのように解決できます」「こうすれば時間短縮できてコスト削減が可能です」「もてないあなたにも恋人ができます」……というように。それもよいのですが、売れている上位1パーセントの優秀なプレゼンターは現在のメリットではなく、1年から2年先のお客さまのベネフィットを語っています。

例えば私の多店舗化養成塾では、本講座の前にプレセミナーを行います。その講座に参加する店舗経営者の共通の悩みの1つは従業員の離脱が多いことです。従業員の離脱は経営に深刻な影響を及ぼしますから、プレセミナーでは特に離脱を防ぐための方策を具体的にお伝えします。それは「なるほど、だから今まで人が辞めていったのか」とわかるような内容です。そして本講座を受講されると、人が辞めなくなるように会社を運営する具体的な仕組みのつくり方をお伝えします。その上で、この仕組みづくりを実践された1年後、2年後にどのような結実が見られるのかをお話します。

例えば、それを実践したある経営者の会社では、受講の半年後には実際に従業員の離脱が目に見えて減少しています。そのことにより人材獲得・維持コストが下がり、利益が拡大します。またそれにとどまらず、実際には売上も上がります。人が辞めないだけでなく、働くモチベーションが高まるからです。すると、1年後には同業他社の社長などから「なんでそんなにうまくいっているの?」「どうして課題を解決できたの?」と聞かれることが多くなります。成功している会社の経営にはみんな興味があるのです。

そのように聞かれたら、あまり出し惜しみせずに基本の部分を自分の経験をベースに語ってあげるといいでしょう。そのような他社の経営者との交流を2～3年続けているうち、その業界のコンサルをしているような立場になってきます。店舗経営が継続的にうまくいけば、自分の時間もさらに多くとれるようになります。他社に経営について助言するコンサルティングビジネスにシフトしていける選択肢もやがて見えてくるでしょう。コンサルティングビジネスは非常に利益率の高い事業ですから、店舗経営の枠を越えて挑戦していくのは意義の高い選択です。

そのような、現在は思ってもいないような数年後の未来像、そしてその未来像が与えてくれるはずのベネフィットを具体的にイメージさせるプレゼンテーションができると、お客さまの頭の中のイメージがより未来にフォーカスされるようになります。

たいていのクライアントは、未来像を描くといっても時間軸上にフォーカスする未来はごく近い未来です。そのフォーカスポイントを、ずっと先の未来にずらしてあげるのです。するとお客さまは目先のメリットではなく将来の理想的な事業展開について考えることができます。今の課題を解決して数ヵ月後にいくらの利益が得られるのかということだけでなく、数年後にどんな素晴らしい未来が開けるのかをはっきりと想像できるようになります。そのように、現在の課題が解決されるとともに、数年後には今まで考えたこともない素晴らしい未来が具現化するという、長い時間軸に沿ったイメージ喚起ができれば成功可能性が高くなります。

つまりプレゼンテーションの巧拙は、語る内容が「機能レベル」では成功しにくく、「メリットレベル」であればそこそこの成功が収められ、「未来のベネフィットレベル」だと最大の成功がもたらされるというわけです。

プレゼンテーションに不安を感じる人のなかには話し方教室で学ばれる方もおられますが、

それだけではお客さまに選ばれることはできません。プロのアナウンサーが営業が上手かと言えば、そんなことはありえません。また、ビジネス経験を豊富に積んできた定年間際のビジネスマンであっても、それだけではトッププレゼンターになれません。要点は、ビジネスの短期的な視点と長期的な視点をどちらも持っているかどうかと、心理トリガーとなる要素をうまく入れ込めるかどうかです。お客さまの心理を動かすためにストーリーを組み立て、どのような順序、タイミングで伝えるかが非常に重要です。人間心理の本質を知り、心理トリガーを適切に使いこなしていくことができれば、ナンバーワンのプレゼンターになれるに違いありません。**トップ1パーセントのプレゼンターは、数年後の未来イメージを喚起させます。**これを是非、心に銘記してください。

プレゼンテーションのトレーニング

最後に、プレゼンテーションのストーリーの組み立て方の一例を紹介しましょう。これにはどの順番でどういう話をするかの型があります。

①ニーズの喚起

相手にまずは自分の内心にあるニーズに気づいてもらわなければなりません。ニーズが明らかで、それに沿った商品を提供するだけなら簡単ですが、ニーズがあってもそれに気がついていない人が多いのです。そうした人には、ただ商品のよさをアピールしても、それがどう自分に関係するのかが理解されません。

その場合には、具体的な事例、実例を伝えるのが有効です。例えば、「物流コスト高騰で困っていたある会社では、トラックへの積み込みプロセスをこんなツールでこう変更することでコストが○パーセント削減できた」とか「人手不足が課題だったある会社は、採用プロセスと人事評価ルールを改善して離職率を○パーセントまで抑制、採用業務をコンサルティングで改善したところ新規採用の応募者が倍増した」などというように、共感を誘うような困りごとや悩みのポイントを具体的に示し、それに対して自社商品がどのようなベネフィットを提供できるのかをイメージできるようにして、課題が解決した結果、どのようなことが実現するのかまでを伝える必要があります。

まずは現実を見直し、不足している部分、満足できていない部分、課題となっている部分を具体事例で描き出し、「うちもそうだよなあ」と共感してもらい、その部分が解決できたらどうなるのかの未来像＝そうありたい理想の姿をイメージしてもらいます。すると、現状と未来のあるべき姿とのギャップがありありと見えてきます。このように、「あるべき姿に近づきたい」と思ってもらうことが、ニーズを喚起するということです。そうすることで、ギャップを埋めるために何をすればよいのか、そのために何が必要なのかを真剣に考えてもらうことができます。

②他社との比較

お客さまが商品を購入したい、その商品でなければだめだと思えるまで、売り手側は必要な情報を提供していく必要があります。何より大事なのは、同業他社の、同種の商品との違いを正直に伝えることです。

お客さまは商品購入前に、コストに見合ったベネフィットが得られるかどうかを慎重に検討します。その検討をしやすくする情報を、お客さまが自分で調べるまでもないほど丁寧に、先に提供することで、購入意欲をかきたてることができます。「他社の商品では○○が特徴で、価格はこれこれ、契約から納入、利用開始までに○週間かかり、アフターサポートはこのような体制で行っています」というような説明をしたあと、特徴・価格・利用開始までの期間といった、お客さまが検討したいポイントについて自社商品の説明をしていくのが有効です。

こうすれば、購入の障害になるハードルを1つひとつ取り除いていきながら、自社の商品と他社の商品との違いやポジショニングなどを順々に説明していくことになります。特に費用対効果をわかりやすく説明することが重要です。

③ 課題の解決

事前に他社商品の情報を含めて多くの情報を提供していくと、それに対するお客さまの反応からも、お客さまが抱いている課題感が浮かび上がってきます。その課題感を解消するために、どのように自社商品が役に立ち、利用することによって未来イメージがどう豊かに変わるのかを伝えていきます。これを逆に言えば、自社商品を利用しないことによって、未来イメージが貧弱なものになるということでもあります。将来の「痛み」を予想してもらい、その痛みを避けるためにいますべきことは何かを考えてもらいます。それが自社商品購入であると確信させることが重要です。

お客さまの最も大きな痛みは、多くの場合お金を失うことです。先ほど述べたように、人間は新しいことに取り組むことを本能的に避けようとします。生存欲求とリンクした反応ですが、そのブレーキを未来イメージを描き出すことで緩めていかなければなりません。今、この商品を購入しないと、将来的にお金を失うことになる、あるいは商品を購入したことによって得られるはずのお金が得られない、損をするということを納得させるようにする必要があります。例えば次回の商品販売では価格が倍になるとか、次に販売される保証はないとか、購入に年齢制限があって今でなければ購入できないとか、さまざまな手法で希少性の心理トリガーも有効に効かせます。

④関係性の開示

既存のお客さまとの関係性を伝えます。例えばフランチャイズ本部であれば加盟後の店舗オーナーの声、高額セミナーであれば受講後の参加者の声、商品販売であれば購入後のお客さまの声、マイホーム販売なら家を購入したあとの家庭の姿などの実際のようすを生々しく伝えるのが有効です。

そのように、購入後の既存顧客との関係性を開示することで、自分が購入したあとも長期にわたって関係性を継続していけることがイメージできます。それが安心感につながり、契約・申込みにつながります。これはコミュニティの心理トリガーと社会的証明の心理トリガーを使うことになります。

⑤ビジョンの提示

以上のようにお客さまの本当のニーズを明らかにし、他社商品との比較を容易にする情報を提供し、お客さま課題解決の道を示し、さらに購入後の関係性維持による安心感も与えたあと、さらにもうひと押しすることをお勧めします。それがビジョンの提示です。購入することの大義名分と言ってもいいのですが、お客さまの未来イメージをさらに膨らませ、その未来イメージが業界に、あるいは世の中に、どんな影響を及ぼすのかにまで想いを拡張してもらうことが重要です。

これは未来イメージを喚起させる「人間の脳」へのアプローチであるとともに、感情の脳である「哺乳類の脳」への訴えでもあります。この商品を購入し、未来の自分はこう変わる、変わった自分がする仕事が業界を変え、社会を変えていくことができる、そしてそれは理想的な業界、理想的な世界をつくり出すためにいますべきことなのだという、高い視座からの世界観をお客さまと共有します。そしてそのような理想業界・理想世界をつくり出すために、売り手である私と買い手であるあなたが手をつなぎ、同じ仲間、同志として協力していきたいのだと呼びかけます。

これは功利的なビジネス論理の側面を持ちながら、理想を語り、同志的な絆を生み出す感情的な説得でもあります。人間は感情で動く動物だとも言われますが、論理を背景にして確かに創造可能な未来に向けた情熱をお互いに共有することこそ、自分とお客さまをともに成功に導く最も重要な要件だと私は考えています。


ここまで、プレゼンテーションの原則的なストーリー展開例を説明してきました。自分のプレゼンテーションを振り返って、以上のような要素が順番に組み込まれているかどうかを自己チェックされることをお勧めします。このような視点でチェックすることで、心理学を駆使したプレゼンテーションスキルが磨かれていきます。プレゼンテーションスキルが磨かれるということは、とりも直さずコンサルティングのスキルが高まることでもあります。

上述のようなポイントに留意して、自分なりのプレゼンテーションが効果的にできるようになれば、コンサルタントとしてフロントセミナーの受講者をバックエンドの本講座へといざなうことが容易になります。本講座の受講者にさらに詳細にわたるノウハウ提供や事例提供をして信頼関係を築くことができれば、個別相談へ、さらにコンサル契約へ、また長期に継続する顧問契約へと結びつけることができます。心理学をツールとして使うのは、コンサルタントとして成功するためにとても大事なポイントです。

第6章

潜在意識を味方にする

自己肯定感――セルフイメージを書き換える

この章では、潜在意識をテーマにします。なぜ最後の章でこれを語りたいのかと言えば、仕事のパフォーマンスに、その人の自己肯定感＝セルフイメージの高さが大きく関係することを実体験として確信しているからです。

私は前職で従業員2000人以上に対する教育を実践してきましたが、当時とても不思議だったことがあります。同じような能力を持っている人にまったく同じカリキュラムの研修を行っても、ある人は仕事のパフォーマンスが著しく高くなりますが、別のある人はなかなか成果が上がらないのです。それぞれの人に直接話をして理由を調べていくと、成果が出る人は必ず自己肯定感が高く、成果が出ない人は比較的自己肯定感が低いことがわかりました。

自己肯定感とは「自分には価値がある」と信じることができて、「自分が好き」、「自分に満足している」ことです。これは単に実績や学歴などからくる自信ということではなく、物事をポジティブに考える習慣や、素直に他人の言うことを聞く基本的な態度が身についているからこそ獲得できる感覚です。自分の意思を持ち、失敗してもマイナスに捉えずに前向きな反省材料として考えることができる人は、他人の行動を見てもプラスになる面に目を向けることができます。そのような自己肯定感を持った人は仕事を自分で考えて成功させることができ、失敗にもへこたれることなく、次のチャレンジに生かすことができます。

逆に自己肯定感が低い人は、自分の判断が正しいかどうか確信がもてず、他人に頼ったり、決断できない優柔不断な態度をとったりしてしまいます。軽い失敗でも「自分の能力が低いせいだ」と過度に悩み、ますます消極的になったり、ひどい場合は離職してしまうこともあります。これは会社にとって大きな損失です。だからといって「自信を持て」と言ってみたり、励ましてみたり、仕事を変えてみたりしても、本質的な部分を変えることができません。

自己肯定感が低い人のパフォーマンスを上げるには、その人の潜在意識に組み込まれてしまった低いセルフイメージを書き換えることが何よりも大切です。

セルフイメージについて説明しましょう。あなたにも、自分が憧れる人になったイメージを描いたり、将来なりたい社会的地位や経済的な豊かさなどを夢想することはあるはずです。でも、そのとき「いや、自分には無理だろう」「あの人は自分よりも頭が良すぎて真似できない」などと自分の願いを自分で否定してしまうことがあるのではないでしょうか。そのように自分の可能性を自分で制限してしまうのには、潜在意識が関係しています。

前章では脳の構造を示して「爬虫類の脳」「哺乳類の脳」が潜在意識に強い関連があることを述べました。特に「爬虫類の脳」は生存欲求のために働く脳であり、経験したことのない新しいことに取り組むことに本能的な拒否反応を起こします。自分が描く未来の自分に対しても、それが今までの経験とはまるで異なることであればやはり拒否してしまうのです。「人間の脳」は未来を思い描くことができ、目的に向かって戦略的な行動を考えることができます。そこで脳の中で綱引きが起きてしまいます。すると、一般的には本能に近い、リスクを避ける性質が勝つことが多いのです。だから理想を持っていても、その理想に近づく行動に踏み切れません。

その状態に甘んじていては、「人間の脳」が描く理想にはいつまで経っても到達できません。理想を行動で追求していくには、消極的に傾く潜在意識を変容させ、「人間の脳」が描く理想の未来に向かう行動を助けるように働かせることができれば、目的達成に向けた前進が可能になるばかりでなく、一気にスピードアップしてゴールに到着することができるはずです。しかしすでに脳の奥深くに組み込まれてしまった潜在意識をどうしたら変容させられるのでしょうか。

潜在意識には生存本能のように書き換えられない遺伝的な部分も大きいのですが、小さい頃に外部の人から組み込まれた部分については、一部を書き換えることが可能です。特に、自分自身の価値や、ものごとの価値を評価する尺度、基準については両親や周りの人々によって植えつけられた知識によってプログラム化されています。「悪いことをしたら罰せられる」とか「人に親切にすれば自分も親切にされる」というような、行動から結果を予想するプログラムは必要不可欠なものですが、「あなたは頭が悪いんだから大きなことはできない」とか「どうせたいしたことはできやしない」と幼い頭脳に可能性を否定するようなプログラムを仕込むと、子どもは積極的な行動ができなくなってしまいます。自分はそういう人間なのだ、とセルフイメージができて潜在意識に組み込まれてしまうのです。もちろん幼い子どもには成功体験も失敗体験もわずかばかりしかありません。実際の経験がないのにセルフイメージが定着してしまうのは周りの人間の影響です。

成長にともない自分自身の経験が積まれると、セルフイメージも変容していきます。成功経験を重ねた人は、セルフイメージがもともとネガティブであったとしても、徐々にポジティブな方向に変わっていくでしょう。しかし最初に形成されたセルフイメージを完全に壊すところまではなかなかできません。というより、セルフイメージがそれほど不確かな情報によって構築されていることに気づきもせず、ましてやセルフイメージを書き換えることまでは思考が及ばないのです。潜在意識に組み込まれてしまった情報は、顕在意識からは発見できないのは当たり前です。セルフイメージがそもそもネガティブで、たまたま失敗体験を重ねてしまった人は、さらにセルフイメージを悪くしてしまいます。

しかし、人生の目的（命の使い方）をいったん設定し、それに向けた行動が必要だと思ったら、理由もなく新しいことへの取り組みにブレーキをかけてしまう潜在意識を、顕在意識からコントロールする必要があります。「人間の脳」が求めることを達成するために、「爬虫類の脳」や「哺乳類の脳」を味方につけるようにするのです。それが、セルフイメージの書き換えです。後天的に組み込まれたセルフイメージは自分で書き換えることができます。どのように書き換えるのかと言えば、自分の在り方を肯定し、なりたい自分のイメージを、潜在意識に刷り込んでいくようにするのです。

ビジネスで成功する人とそうでない人は確かにいます。その人たちを両方見ていると信じられないような事実に気づきます。成功する人は、成功することを信じて、自分は成功できる人間だと思い込んでいます。一方、失敗してしまう人は、実は自分が失敗することを期待しているのです。成功に向かって努力しながらも、一方では「どうせ必ず失敗するさ」と考えているのです。矛盾していますが、顕在意識と潜在意識の綱引きで、潜在意識が勝ってしまうことが多い人なのだと考えると納得いきませんか？　失敗経験が多い人ほど特に新しい行動を起こすことをためらいがちになります。失敗する人は失敗を過度にマイナスに捉えてしまい、失敗したくないから新しい行動をとることができないのです。

でも、失敗体験は本当にただの人生のロスなのでしょうか。失敗から学べることはとても多くはありませんか？　その学びを生かし、次は失敗しないやり方を考えることができます。

失敗という事実を裏返すと、成功のためのノウハウの獲得ということになるのです。こう考えると、世の中に、人生に、失敗という経験はなくなります。すべての経験は成功のために必要なノウハウになるのですから、新しい取り組み、経験を恐れる必要はなくなります。ものごとは、自分の解釈次第なのです。

幼い頃に刷り込まれた情報による制限と、経験によって後天的に得た情報による制限が外れたとき、ものごとの解釈の仕方を逆転することができます。現在、なかなか成功できずにいる人は、この転換がうまくできていません。自分の過去に決着をつけ、自己肯定できるセルフイメージ、すなわち「私は成功する人間である」というイメージをつくり出すことができないと、成功への切符を手にいれることができないのです。

セルフイメージを書き換える実践テクニック

ではどうしたら潜在意識に組み込まれたセルフイメージを変えることができるのでしょうか。それは新しい、理想的な自分のセルフイメージを言語化し、反復して潜在意識に刷り込んでいくトレーニングが有効です。例えばスポーツでいえば、野球が好きでも自分でボールを投げるのは最初はうまくはできません。でも上手な選手のフォームを観察し、自分で真似をしてみて、うまく投げられたフォームを繰り返し何度も何度も反復して練習すると、自然にうまく投げられるようになります。やがては、自分で工夫して、かつて真似をした選手よりも上手に投げられるようになるかもしれません。それは、反復練習によって動作を司る神経が鍛えられ、脳幹などの神経ネットワークが、上手にボールを投げられるように改善されていくからです。それと同じように、脳の奥深くに形成されたセルフイメージも、改善のための反復トレーニングで変化させていくことができるのです。

具体的な方法として私がお勧めするのは、まず、なりたい自分、理想の自分の姿を文字として書き、性別を示し、フルネームを添えることです。このとき、理想の自分の姿として、尊敬している人物、その人のようになりたいと思っている人物をイメージして、その人のどの部分を尊敬しているのか、どのような理由でその人のようになりたいのかを具体的に書き出すとよいでしょう。現在の自分と比べる必要はありません。例えば「自らの可能性を最大にし、人の可能性を最大化する男　加納聖士」とか、「自分の可能性を最大化し、人の可能性を最大化する女性　山田花子」というような文言を書くのです。そしてそれを、朝晩繰り返して声に出して、心を込めて唱えます。それだけで、2週間もすれば、書いてあるとおりに行動が変わっていきます。これは自分でもびっくりするほどの結果が出ます。3ヵ月も続けると、より一層行動が変わってきます。意識的に理想の自分の行動を考えなくても、自然に理想に近づく行動がとれるようになってくるのです。

特に女性には顕著に効果が出ます。スピーチがうまくできずに悩んでいた人が「スピーチで人の心を動かせる女性　山田花子」と何度も唱えているうちに、人を感動させるスピーチができるようになった事例がありますし、あまり従業員に対する思いやりがなかった経営者が「世界一物心ともに豊かにする男　山田太郎」と唱えていると、実際に従業員の働き方改善などの心配りが細やかにできるようになった事例もあります。

なりたい自分はその時々で違うかもしれませんし、１フレーズでは表現しきれない場合もあります。そのときは、理想の自分が大事にするはずのことを、10個なら10個と決めて、毎日繰り返して唱えられる量を必ず唱えるようにします。そのときにイメージするのは、理想の人物像になった自分です。なれる最高の自分です。そのイメージを何度も何度も想起することで、自分自身が興奮してきます。毎日、何度もワクワク感が味わえます。それは一種の快感です。快楽がともなう行動は、潜在意識に強く働きかけることができます。反復する行動、それにともなう快感が積み重なることによって、難攻不落だった潜在意識が徐々に変容し、セルフイメージは理想として思い描いたイメージに近づいていきます。すると、自分でそれと意識することなく、理想とする自分になるための行動が自然にできるようになるのです。そうすると行動を制限していたリミッターが外れ、本当の自分の能力が発揮できるようになっていきます。

このとき、あまり低い目標は設定しないほうがよいですね。より具体的な内容にする場合でも、例えば「売上を絶えず10パーセント改善し続ける男」というように、果てしなく継続して追求できる理想を掲げることをお勧めします。大きな成果を残した経営者は、自分の潜在意識を上手に操っていると思います。よく「根拠のない自信」を持っていると言われる人がいますが、そんな人ほど成功の確率が高いようです。

なお、このアドバイスから経営哲学を生んだナポレオン・ヒルの『思考は現実化する』という著作を想起された方も多いと思います。成功哲学の提唱者として有名なナポレオン・ヒルは、このような形で行う潜在意識への働きかけを潜在自己説得と呼び、アファーメーションという形で理想の自分のあり方を声に出して脳にインプットしていく方法を提唱しています。

これとよく似た作業がセルフイメージの書き換えですが、アファーメーションよりもシンプルな方法ですから、毎日継続しやすいと思います。少ない文章量でもよいので、とにかく自分自身がワクワクしてくるような内容にすることを心がけてください。ワクワクするほど、潜在意識に吸収されやすくなります。

自分の人生に制限を設けない

セルフイメージの書き換えをお勧めするのは、自分の能力の上限がわからないのに勝手に自分で天井を設けている人が多いからです。その天井を一瞬で引き上げる、あるいはなくしてしまうために、潜在意識に働きかけることが必要なのです。どうしても自分で制限をかけていることに気づけない人には、適切な質問でそのことに気づかせ、制限を取り払ったときの可能性の広がりを感じてもらうことが有効です。

例えば「もし絶対に失敗しないとわかっていたら何をしたいか」とか、「お金がいくらでも使えるとしたら何をするか」「生まれ変われるとしたら何をするか」というように、制限のない状態で本当にしたいことに気づいてもらうようにします。そして自分の可能性にワクワクするようになれたら、その人は成功が約束されたようなものです。

ものごとに良いとか悪いとかの意味などありません。起きた出来事をどう解釈し、対応するかが大事です。その解釈を意識的にポジティブなものに変えていく、しかも潜在意識を味方につけて変えていくと、パフォーマンスは一気に拡大します。

ナポレオン・ヒルは『思考は現実化する』の中で次のような「信念の詩」を紹介しています。

【信念の詩】


負けると思ったらあなたは負ける。

負けてなるものかと思えば負けない。

勝ちたいと思っても、勝てないのではないかなと思ってしまったら、あなたは勝てない。

負けるのじゃないかな、と思ったらあなたはもう負けている。

というのも、成功は人の考えから始まるからだ。すべてはあなたの心の状態によって決まるのだ。

自信がなければあなたは負ける。

上に登りつめるには高揚した精神が必要だ。

何かに勝つためには自信が必要だ。

人生の戦いに勝つのは、必ずしも最も強くて、最もすばしっこい人ではない。

最終的に勝利を収めるのは、「私はできる」と思っている人なのだ。


（『思考は現実化する』、ナポレオン・ヒル著、田中孝顕訳〈きこ書房〉より引用）

この「信念の詩」は、成功哲学のエッセンスとして広く知られ、経営コンサルタントの多くが引用しています。ぜひこの詩を深く味わっていただきたいと思います。

脳は空白をつくるとそれを埋めようとする

潜在意識の特性として、知識・情報の空白を埋めたがることが挙げられます。これについては顕在意識と潜在意識は協力して働きます。

例えば、テレビ番組では「我々はＵＦＯに遭遇した。その模様はＣＭのあと」といって番組内容を中断するような手法がよく使われています。これをやられると、続きが観たくてウズウズしてしまいます。また連続ドラマでも、いい場面で終わるとその次の回をどうしても観たくなります。これは意図的に情報の空白をつくり出し、そこを埋めたいという人間心理を利用したやり方です。他人が自分の脳に空白をつくり出すことができることに注意してください。

また、自分自身が自分の脳に空白をつくり出すこともできます。例えば発明家のトーマス・エジソンは、寝る前にベッド横に疑問や質問を書き込んだメモを置いていたそうです。すると翌朝目覚めたときに、疑問や質問の解答がひらめくことが多かったといいます。これも、意図的に情報の空白をつくっているのです。顕在意識での発問に対して解答が空白だと、潜在意識は顕在意識に代わって答えを探そうとします。潜在意識がエジソンの頭の中に蓄えられた知識や経験の中から有用な情報を探し出し、眠っている間に解答を用意してくれたというわけです。潜在意識が強力なのは、このように四六時中、休みなく働くことができるところかもしれません。

例えて言えば、誘導ミサイルの着弾ポイントをセットするのが顕在意識、自律的に飛行して目標ポイントに着弾させるのが潜在意識です。ただし、あまり簡単な質問に対してはそう有効ではありません。顕在意識ですぐに答えが出せるような質問ではなく、さまざまな複雑な条件を考え合わさなければいけないような、難問にこそ向いています。休みなく、常に働いている潜在意識だからこそ解決可能な問題があります。

潜在意識を活用することに慣れてくると、意図的にそうした質問をつくり、答えを空白のままにしておくことができます。潜在意識は本能的に空白を埋めようと働いてくれます。「自分の命は何に対して使うべきか」などという究極の質問でも、潜在意識は何らかの解答を用意してくれます。何の質問をしたかも忘れてしまっていても、例えばお風呂から上がったときに、突然頭に答えがひらめくことがあります。

この便利で時間節約にもなる、しかも無料で誰にでも備わっている機能を活用しない手はありません。

意識は同時に2つ以上のことを捉えるのが苦手である

人間の脳の仕組みには「焦点化」という原則があります。人間の脳は古いコンピュータのOSのように、複数のことを同時に考えるとフリーズしてしまいます。考えることだけでなく、情報を受け入れる場合にもそうです。考えるべきたくさんの事柄の中からどれか1つに焦点を絞りこまなければ十分に考えを深めることができません。またたくさんの情報の中から必要な情報を絞り込んで取り入れなければ意味のある処理ができません。

現在の世の中は、常に情報のシャワーを浴びせられているようなものです。そのすべての情報をキャッチすることはできません。意識している情報だけを、その一部だけかもしれませんが、受け取ることができます。聴覚でもそうです。雑踏のなかでも友人との話をきちんとしていられるのは、ほかの街の音を脳がシャットアウトして、友人の声を聞き取ることにフォーカスを絞っているためです。外部にあるすべての情報がひとしなみに自分に入ってくると、人間はパニックになってしまいます。ですから脳はそれ自身で情報をフィルタリングして、受け取るべきものを受け取り、必要ないものははねつけるのです。

この特性をうまく利用できないでしょうか。例えば、セミナーで「自分が他人にしてもらいたいのにしてもらえないことは何ですか」とか「自分が満たされていないことを書いてください」などと課題を出すことがあります。するとマイナス面に思考の焦点が絞られ、プラス面には思考が向きません。逆に「自分が満たされていると感じることは何ですか」「人に感謝しなければならないことを書いてください」というと、プラス面に焦点が移り、マイナス面は考慮されません。このように、意図的な質問によって思考の方向性をコントロールすることができます。**質問によって他人をコントロールすることもできれば、自分自身をコントロールすることもできるのです。**

例えば職場などで何か問題が起きたときに、この問題を解決するために1ミリでも2ミリでも前進できることは何か、と聞くと、みんな当然それを考えます。もしも、このとき職場のリーダーが「こんな問題が起きるなんてついてない」とか「この問題は解決できないだろう」などとネガティブな発言をすると、ものごとが改善の方向に進みません。心理トリガーを使い間違えると、人間の思考の焦点を望ましくない方向に向けてしまうことがあります。

これが「焦点化」の原則です。建設的にものごとを考えているときにはネガティブなことは意識されないのですが、ネガティブに思っているときに建設的な意見をすることはできません。リーダーはその焦点化の原則を理解していなければなりません。コンサルタントとしては、「(この商品を利用すると)こんなメリット、デメリットがありますね、でもデメリットを上回るメリットが生まれますね」というように、できるだけポジティブな方向に脳の焦点をシフトさせる工夫をすべきです。そうすればお客さまは自分の成功像をイメージすることができます。

こうした脳の焦点化を利用すると、質問によって相手を誘導することができます。例えば次のような質問により、相手に未来イメージを具体化してもらうことができます。

①本当に望んでいること、これを得られたら死んでもいいと考えることは何ですか。
②目標が達成されたことは何で判断できますか。
③具体的にいつ実現できると思いますか。
④目標に対して手間をかける価値がありますか。
⑤あなたがコントロールできることには何がありますか（外部環境以外の部分）。

また、個人に向けて折れない心を維持してもらうためには、次のような質問が考えられます。

①どうすれば自分を変えられると思いますか。
②なぜ自分が変わりたいのですか。

③変わったときにはどんな感情になりますか。
④最初の一歩を踏み出すときに最初にクリアすべきことは何ですか。
⑤目標達成のためにはどんな人間になる必要がありますか（積極性、行動力など）。
⑥そんな人間になるためにはどんなことを学ぶ必要がありますか（自己啓発、スキル開発）。
⑦そのときにコントロールしなければならない自分の感情は何ですか。

このような質問で、顕在意識だけでなく潜在意識を働かせることができるようになります。これはコーチングの手法に近いですね。答えは相手の中にあります。コンサルタントは、その答えを相手の脳を刺激して引き出すお手伝いをすることになります。

脳は快を求めて痛みを避ける行動をする

また脳の重要な特性は、繰り返しになりますが、安心・安全を求めて危険は本能的に避けるところですね。痛みを避けることもこれと同じ本能行動です。また快楽を追い求めることも一方の特性です。「痛みを避けることや痛みの軽減」と「快楽の追求」が人間の行動の基本的な動機なのです。

これがわかっていれば、例えばセールスの場面でも役立ちます。「買う（＝お金を失って痛みを覚える）、買わない（＝商品を手に入れられず快をあきらめる）はあなたが決めてください」という一言をつけ加えるだけで、お客さまは、痛みや快楽を自分でコントロールできることに気づきます。自分の痛みと快楽がコントロールできる状況では、人間は安心・安全を感じます。セールスを成功させるためには、どちらかといえば快楽を求める方向でワクワク感を演出するほうが有効ですね。楽しくワクワクできたほうが、潜在意識をポジティブな方向で働かせることができます。同じことでも痛みに結びつけるか、快楽に結びつけるかで、お客さまの反応は全然違います。特に女性は快楽に結びつけたほうが最大のパフォーマンスでセールスできます。もちろん男性でもその傾向は確実にあります。ただ経営者の場合には痛みを軽減したい欲求が強いケースもままあります。キャッシュアウト、倒産、従業員の離脱に恐怖を感じておられる方は多いのです。その場合は痛みに結びつけて商品を語り、痛みを軽減するにはこの商品しかないと思ってもらえるように誘導していくのも一法です。痛みが軽減すれば、このような素晴らしい未来が待っているというところも語り、ポジティブな未来イメージを描いてもらえるとさらにいいですね。経営者は会社や自分の周りに人が集まってくること、あるいは自分が現場の業務から解放されることを願っている（快楽を感じる）ことが多いようですから、それらの面にフォーカスしたストーリーづくりが有効です。

成功したければ「成功者のモデリング」をせよ

最後にお伝えしたいのは、成功したいと思ったら、成功者を観察して、成功者の心情、考え方、その他、成功者の何が現実を引き寄せているのかを考えることが重要だということです。それを考えるためには、成功者その人になりきることをお勧めします。卓越した実績を持っている、理想に近い経営者の戦略、思考パターン、生活習慣、身振り手振りまですべてその人になりきれるように模倣するのが「成功者のモデリング」です。カリスマ経営者を真似するのもよいでしょうし、私の場合は吉田松陰先生や坂本龍馬をモデリングしましたが、歴史上の偉人、テレビドラマや映画、小説の登場人物でも、明確にその人物がイメージできればよいのです。例えば「孫正義さんを上回る業績を上げる男 加納聖士」と潜在意識に刷り込み、その人になりきってふるまうと、セルフイメージを変えていくことができます。

自分で独自のモデルを構築しようとすると何年もかかることがあります。それよりは目標とする人物、理想の人物像を見つけ、その人物のすべてを真似して、成功までの時間を短くしたほうが合理的です。ただ外面を真似するだけでなく、その人が何を想い、どのような行動をしてきたか、どんな能力、スキルを持っているか、何を信じているのか、何を大切にしているのか、社会に対する使命をどう考えているのかなど、内面も細かく観察し、外面・内面を合わせて模倣することをお勧めします。著名な経営者なら、講演などの動画を動画共有サイトやその人の会社のウェブページなどで観ることができますから、そうした動画を見て、その人物を深く理解し、自分自身の課題に対してその人ならどんな答えを出すのかを考えると、効率的にモデリングができます。

なお、年齢的な不安から新しい事業を始めるのを躊躇する人もいます。でも、ケンタッキーフライドチキンのカーネル・サンダースは62歳でレシピを売り始めて、1010回目の営業でやっとレシピを買ってくれる人が現れ、それから世界規模のチェーンを展開するようになりました。私も44歳でコンサルでデビュー、3年2ヵ月で2億5000万円を売り上げるようになりました。今では人生100年時代。しかもビジネススピードは年々加速しています。

インターネットをはじめ、人間の能力を超える多様なツールが整備されてきた現在では、一瞬で世界を変えるビジネスも夢ではありません。私は加納塾の仲間と、この本の読者の皆さんとともに手を携えて、幸せな未来に向けてドラスチックに世界を変えていきたいと思っています。生きている間の貴重な1分1秒を何のために使うのか、皆さんと一緒に精一杯考え、また実行に移したいと思っています。これを読んでいるあなたに、未来をともにつくる同志として力を合わせていただければ、なによりの幸せです。

あとがき

最後までお読みいただき、誠にありがとうございます。さまざまな内容を記しましたが、私がどうしてもお伝えしたかったことは、ビジネスの成功には「原理原則」があり、原理原則に従って行動していれば、必ず成功に結びつくということです。それは「大自然の法則」と言われたり「天地自然の理」と言われたりもしています。その原理原則こそ、コンサルタントであれ、他の業種であれ、事業を志す人が最も大切にすべきものなのです。

私はこの数十年間、毎年200冊の本を読むことを自分に課してきました。読む本は、古今東西の名著やベストセラーです。比較的新しいビジネス書では、松下幸之助先生の『道をひらく』や、ナポレオン・ヒルの『思考は現実化する』、デール・カーネギーの『人を動かす』、スティーブン・R・コヴィーの『7つの習慣』などが有名ですが、そうした本を読んで感じるのは、先人たちはやはり人間、社会、経済、経営というものの中に隠れている原理原則を見出し、それに準じて考え、行動しているのだな、ということです。偉大な人たち、世界によい影響を与えた人たち、ビジネスの成功者たちはみんな、言葉や視点は違えど、同じ真理を語っているのだという思いを、本を読めば読むほど強くします。

かつてのドイツ統一に力を尽くした「鉄血宰相」ビスマルクは「愚者は経験に学び、賢者は歴史に学ぶ」という名言を残しています。多くの人は、自分の経験という小さな枠組みのなかから真理を汲み取ろうとしますが、たいていは浅薄な理解か誤った理解にとどまってしまいます。しかし歴史は、世界の先人たちの思考と行動の記録であり、その結果がすでに明らかになっています。多くの先人たちが何をしてきて、何を成し遂げてきたのか、あるいは失敗してきたのかが、歴史を紐解けば理解できていきます。私は歴史の学びを通して、成功に結びついた思考や行動とはどのようなものだったのかを追求してきました。その結果行き着いたのが、ビジネスや人間生活には「原理原則」があり、それを知り、実践してこそ成功に至ることができるという真実です。核となる原理原則は、数百年前のものでも現在のビジネスにそのまま役立ち、またこれから数百年後にもきっと役立つに違いありません。そんな普遍的な原理原則を知り、実践することが人生の成功の鍵となります。

普遍的な原理原則に基づいた経営は王道です。私のコンサルティングは古今東西の偉人たちがこぞって指し示す「原理原則」を基礎にしたものです。偉人たちの書籍にみんなが共感し、内容を実践することでビジネスや人生がうまくいくように、私のコンサルティングもそのようでありたいし、先人たちに見習って実践してきているつもりです。コンサルティングを受けた会社が立派に成長していく姿を見るにつけ、この王道のコンサルティングを続けていてよかったと感じます。

しかし古今東西の古典から現代のベストセラーに至るまで、繰り返し同じ原理原則が語られていて、それを読んだ人は多いはずなのに、成功する人としない人がいるのはなぜでしょうか。それは1つには学んでもそれを自分のものにするための行動＝実践が伴わないからだと思います。自転車の乗り方は簡単にわかりますが、自分で運転するためには多少の痛い思いもしながら練習しなければなりません。原理原則に納得したら、それを信じて実践し、もしも失敗したら原理原則に外れたことをしていなかったかを省みる態度が大切です。

またもう1つの理由は、学んでも忘れてしまうことだと思います。人間の学習内容は、1日経つと67パーセント、2日経つと72パーセント忘れてしまいます（エビングハウスの忘却曲線）。その忘却を防ぐには、一度に一所懸命学習するよりも、少しずつでよいので何度も繰り返し学習することが有効だという研究結果も出ています。また、興味があることは忘れにくく、何度も体験したことはなかなか忘れないことは誰もが知っています。書籍などで学ぶのに加えて、加納塾などを利用して体験・実践をしていくことが、大切なことを忘れないようにするためにも適切な方法だと思っています

この本が出る頃には、２０２０年春からのコロナ禍が落ち着いていることを祈りますが、実はこの内容はコロナ禍以前にほとんど書き終わっていました。出版計画もできていましたが、ちょうど折悪しく新型コロナ感染症のパンデミックが始まり、緊急事態宣言により多く

の企業が甚大な影響を被りました。そこで経済や経営が大きく変わる可能性もあり、その時点での出版を控える選択をしました。新型コロナ感染者はその後どんどん増えていきましたが、ワクチン接種者も増え、医療機関の逼迫状況が改善されて、事態が落ち着いてきた2021年10月現在となり、改めて原稿を読み直してみると、少し意外なくらい修正すべきところがないことに気づきました。これはビジネス現場の細かな部分よりも、ビジネスの原理原則や理念にかかわる「マインド」に重心を置いた内容だったからです。マインドが人生の成功の99パーセントを決めるとも言われます。現場ノウハウよりも、普遍的な原理原則とマインドという、基本的な土台をしっかりとさせることが、コンサルタントとして成功する道だと思っています。またコンサルタントを目指していない方にも、経営の本質やコンサルティングの本質についてご理解いただくことは、人生の糧として大切なものだと思います。

最後になりましたが、コロナ禍は私の周辺にも大きな影響がありました。順風満帆に進んできた私もうまくいかない事態に陥りましたが、そんなときでも多くの人々に助けられました。離れていく人もいれば、近づいてくる人もいました。うまくいかないときにも常にそばにいて励ましてくれる人もいました。特に大黒理弘さんと今藤朱里さんには、「10億の人の無限の可能性を引き出す」目標達成のために今を頑張ろうと、私のそばで励まし続けていただきました。本書が出版できたのも、応援・支援してくださる皆さんのおかげです。特に感謝している皆さんのお名前を次に掲げ、謝意を表したいと思います。
　この本を手にとっていただいたすべての人に感謝しています。この出会いをきっかけに、新しい同志的結合が生まれることを願っています。

加納　聖士

お世話になった皆さん
（五十音順・敬称略）

荒川　仁詞
今井　啓敦
岩﨑　俊彦
岩本　元熙
大黒　理弘
大嶋　友紀
小川　剛
奥秋　大輔
小倉　裕二
小野寺　誠
川上　嘉一
川口　清一
河原　龍秀
工藤　三十胤
近　靖彦
今藤　朱里
櫻田　貴久
志村　隆司
鈴木　晴貴
鈴木　秀和
椿　芳徳
中西　晃一
橋本　宏一
比留間　信義
宮本　佳典
村山　俊樹
本山　喬也
森　圭司
森山　兼一
屋代　浩之
山名　深大
山本　崇史
米澤　賢二
廣瀬　剛葵

著者プロフィール

加納 聖士（かのう せいじ）

3店舗から80店舗の多店舗化をみずから実践、200社以上のフランチャイズ本部の仕組みを見てきた経験から、多店舗化成功のための独自ノウハウ、方程式を発案。そのノウハウを4,000社以上のクライアント先企業に伝え、圧倒的な成果に結びつけた。多店舗化ドットコム代表を務めながら、現在は「加納塾」塾長として、12 種類の連続講座を通算70期開催。2021年5月時点で562社が参加するコミュニティを形成した。構築中の多店舗化プラットフォームを基礎に2027年までにエドテック業界（教育＋テクノロジー）で世界No.1企業を目指す事業家である。

［著書］

・『“極意”「多店舗展開」で絶対失敗しない法』（2019年・晴山書店）

・『吉田松蔭式 リーダーの育て方』（2015年・電子書籍）

・『「仕組み」を作った社長が生き残る』（2015年・電子書籍）

・『加盟しますか？ そのフランチャイズ』（2015年・電子書籍）

［Web］

・多店舗化.com　http://tatenpoka.com/

・YouTubeチャンネル「加納チャンネル」
https://youtu.be/KP59co7r0fU

編集・制作：土肥 正弘（ドキュメント工房）
装丁：大関 直美

“覚醒” コンサルタントのための「一瞬戦略」

2021年12月20日　初版第1刷発行
著　者：加納聖士
発行者：晴山陽一
発行所：晴山書店
〒173-0004　東京都板橋区板橋2-28-8　コーシンビル4階
TEL　03-3964-5666／FAX 03-3964-4569
URL　http://hareyama-shoten.jp/
発　売：サンクチュアリ出版
〒113-0023　東京都文京区向丘2-14-9
TEL　03-5834-2507／FAX 03-5834-2508
URL　https://www.sanctuarybooks.jp/
印刷所：恒信印刷株式会社

ISBN978-4-8014-9405-3